DE L'ORGANISATION

DE LA FAMILLE

D'après la Coutume de Normandie;

PAR M. JULES CAUVET,

Professeur suppléant à la Faculté de Droit de Caen.

(Extrait de la Revue de législation et de jurisprudence publiée sous la direction de M. Wolowski, 1847-1848.)

---oOo---

CAEN,
TYP. DE A. HARDEL, IMPRIMEUR DE L'ACADÉMIE,
RUE FROIDE, 2.

1850.

DE L'ORGANISATION

DE LA FAMILLE

D'après la Coutume de Normandie;

PAR M. JULES CAUVET,

Professeur suppléant à la Faculté de Droit de Caen.

(Extrait de la Revue de législation et de jurisprudence publiée sous la direction de M. Wolowski, 1847-1848.)

Soixante ans à peine nous séparent de l'époque où nos anciennes coutumes étaient en pleine vigueur, et déjà ces législations, si longtemps chères aux populations qu'elles étaient appelées à régir, nous semblent vieillies de plusieurs siècles. Fruit d'une révolution sans exemple dans l'histoire, tant elle a changé profondément les idées et les mœurs, le Code civil a fait oublier bien vite ces antiques monuments. Chaque jour, la mort vient frapper au milieu de nous le petit nombre de jurisconsultes qui les virent pratiquer dans leur jeunesse, et bientôt, sauf de rares exceptions, les traditions qu'ils laissèrent après eux auront entièrement disparu des souvenirs.

Sans doute, je ne crains pas de l'avouer, mieux que nos anciennes coutumes, le droit de Justinien forme une

1850

préparation naturelle à l'étude de la législation civile qui nous régit maintenant. Une remarque, à mon avis, suffit pour s'en convaincre, sans qu'il soit nécessaire de comparer scrupuleusement les emprunts faits par les rédacteurs du Code, soit au droit romain, soit aux coutumes. Ces dernières, en effet, prenant pour base le respect du passé, s'attachaient à maintenir les usages reçus ; elles rendaient la propriété presque immuable et sacrifiaient, en toute occasion, la liberté des individus à la stabilité des familles. Le droit de Justinien, au contraire, est, comme nos Codes, une œuvre scientifique. Destiné, lui aussi, à régir une société démocratique, il substitue partout le mouvement et l'action à l'antique immobilité de l'aristocratie. De là, entre les deux législations, une secrète affinité qui se révèle dans leur ensemble, plus encore que dans les dispositions particulières de chacune d'elles.

Mais en faisant une part aussi large à l'étude du droit romain pour l'intelligence de nos lois actuelles, il faut avouer pourtant qu'elles ont souvent puisé dans les coutumes ; et dès lors, n'est-il pas important d'aller vérifier ces emprunts à leur source véritable? Dans une époque, d'ailleurs, où l'on s'attache avec un soin pieux à préserver les débris qui nous restent de la France d'autrefois, convient-il de laisser dans l'oubli les vestiges de son droit civil? Combien de renseignements inestimables cachés dans les coutumes sur l'état social de notre patrie dans les siècles éloignés où elles prirent naissance !

Distribuées en général sans méthode, les coutumes, il faut en convenir, offrent une lecture fatigante ; leur texte incomplet sous-entend, à chaque instant, des principes dont les ouvrages des commentateurs peuvent seuls donner la clef. Dans les commentateurs eux-mêmes, ce n'est pas sans effort que l'on parvient à saisir le système général de la loi, au milieu des digressions qui l'entourent. Souvent l'auteur, habitué dès l'enfance à vivre sous l'empire d'idées juridiques qui nous sont inconnues, omet précisément les notions premières qu'il nous serait nécessaire de posséder pour le comprendre. Il me semble dès lors qu'il y aurait une importance extrême, si l'on tient à faciliter l'étude de notre ancien droit, à faire des principales coutumes l'objet de travaux scientifiques destinés à en rechercher l'esprit. Aperçues d'un point de vue plus élevé, à la lueur des lumières nouvelles que la révolution législative accomplie par nos Codes a projetées avec elle, leurs dispositions prendraient un intérêt inattendu, et sauraient occuper sans efforts, dans la mémoire des jurisconsultes, une place qu'elles ne sont que trop menacées d'y perdre.

Si l'idée que j'émets en ce moment présente quelque justesse, parmi ceux qui s'occuperont d'y donner suite, il sera naturel assurément que chacun choisisse de préférence la coutume de la province qu'il habite. Celle de la Normandie d'ailleurs, indépendamment de l'espèce de respect filial qui me porte vers elle, me paraît l'une des plus intéressantes à examiner, puisque c'est celle de toutes peut-être où l'élément germanique s'était maintenu le plus intact, où l'influence du droit romain s'était fait le moins sentir. Conquise la dernière par les peuples du Nord, la Normandie avait su conserver à son droit civil la physionomie primitive qu'y avaient imprimée Rollon et ses compagnons. Enfin, ce qui augmente l'intérêt de cette étude, c'est que les vieilles lois de la

Normandie constituent encore aujourd'hui le fond du *droit commun* de l'Angleterre, véritable coutume de cette grande nation. Les Anglais, on le sait bien, bien plus soigneux que nous des traditions du passé, ont retenu dans leurs formules juridiques jusqu'au langage, aujourd'hui suranné, des Normands qui les avaient vaincus.

Comme les autres coutumes de la France, long temps celles de la Normandie furent confiées à la mémoire des populations soumises à leur empire. Le devoir pour les Cours de justice, s'il s'élevait quelques doutes sur leur existence, de consulter, au moyen du *records*, les hommes sages et instruits de la contrée, semblait, dans ces temps reculés, une garantie suffisante contre l'arbitraire (1). Cependant, quand la civilisation, longtemps comprimée par l'anarchie féodale, eut commencé à renaître, des praticiens éclairés comprirent l'utilité de fixer leurs souvenirs et de les transmettre à leurs successeurs. De là, ces coutumiers plus ou moins complets qui précédèrent presque partout la rédaction officielle des coutumes. Une raison particulière à notre province dut multiplier ces compilations parmi nous. Passée sous la domination des rois de France dans les premières

---

(1) Ce mode de constater les usages de la province s'appelait aussi *faire tourbes* dans le vieux langage normand. Les *prudhommes* appelés par le juge formaient une sorte de jury et devaient prêter serment. Le jury, du reste, à cette époque, était admis, en Normandie, dans tous les procès civils où il s'agissait d'une question de propriété ou de succession. Le bailli lui soumettait le fait en litige au moyen d'une espèce de formule. (*Coutumier de Sainte-Geneviève*, tit. *de jurée*; grand *Coutumier*; ch. 27, des empeschements de succession; ch. 91, de querelle fiéfale, et passim.)

années du XIIIe. siècle, et privée dès lors de ses ducs souverains, la Normandie veillait avec un soin scrupuleux à la conservation de ses lois politiques et civiles dont elle avait expressément stipulé le maintien, en se soumettant à Philippe-Auguste. Cette préoccupation, qui fut si long-temps une des pensées les plus constantes de nos pères, contribua sans doute à la composition des coutumiers divers, tant en latin qu'en langue romane, dont la patiente érudition de nos jours a su découvrir d'importants vestiges (1). Perdus en effet jusqu'ici pour la plupart, ces ouvrages, sans auteurs connus, étaient venus se résumer dans le grand Coutumier de Normandie, le dernier et le plus complet d'entre eux.

Celui-ci, rédigé probablement sous Philippe le Bel, peut-être même dès le règne de Philippe le Hardi, fils de saint Louis (2), eut la gloire de former pendant trois siècles la base universellement acceptée de la législation de la province, encore qu'il n'ait jamais été revêtu expressément de la sanction de la puissance royale. Aussi la coutume définitive promulguée en 1583, bien long-temps, on le voit, après l'ordonnance de Charles VII qui avait prescrit la rédaction générale des coutumes, ne

---

(1) *Etablissements et coutumes de la Normandie au XIIIe. siècle*, par M. Marmier; Paris, 1839.

(2) Plusieurs attribuent le *grand Coutumier de Normandie* à Pierre Desfontaines, contemporain de saint Louis, ou du moins à quelque collaborateur de ce jurisconsulte. Mais il nous parait impossible d'adopter cette opinion, soutenue par Klimrath, puisque le *Coutumier* lui-même parle du règne du saint roi comme d'une époque passée depuis long-temps. On lit, en effet, chapitre VI, *de justicement*. « Et pour ce, le noble roy de France Loys, qui fut le second après le roy Philippe, fit tel establissement en Normandie. »

fit-elle le plus souvent que reproduire ses dispositions, en se contentant de les revêtir d'une couleur moderne. Je parle ici seulement du droit civil, car la portion du grand Coutumier qui concernait le droit criminel et le droit politique ne pouvait trouver place dans la nouvelle coutume d'une manière aussi complète. C'est ce dernier monument des usages de nos ayeux dont j'essayerai de présenter une esquisse. Mais, comme un exposé général de la coutume de Normandie dépasserait les proportions que comporte ce recueil, je prendrai pour objet spécial de mon étude ceux de ses textes qui concernent l'organisation de la famille. Cette partie du droit civil, j'ai eu déjà l'occasion de le faire remarquer dans cette Revue (1), se rattache le plus nécessairement aux intérêts essentiels de la société, et permet, mieux qu'aucun autre, d'acquérir une idée générale de l'ensemble de la législation dont elle est détachée.

Les lois constitutives de la famille selon la coutume de Normandie, issues pourtant de l'époque la plus rude du moyen-âge, nous révéleront tout d'abord la supériorité morale de la civilisation moderne et chrétienne sur celle de l'antiquité païenne. Les droits des faibles ne seront plus, comme chez les anciens, constamment sacrifiés à ceux des forts. Loin de là, on serait tenté de croire, au premier abord, qu'ils ont perdu dans nos contrées, par la promulgation du Code civil, la protection énergique et toute spéciale que leur attribuait notre coutume. Rien ne remplace, pour la femme devenue veuve, ce douaire inaliénable sur les biens de son mari

(1) *De l'organisation de la famille à Athènes*, octobre et décembre 1845.

qu'elle obtenait alors. Aujourd'hui, il dépend du père de réduire sa famille à l'indigence par des prodigalités insensées; son testament peut transmettre à des étrangers une partie notable de sa fortune. Chez nos aïeux, au contraire, la faculté de disposer par testament était, dans ses mains, à peu près nulle; et, s'il dissipait son patrimoine, les enfants trouvaient, dans le tiers coutumier, une ressource certaine. Cependant l'inégalité dans les partages au profit des aînés, et surtout l'exclusion des femmes des successions en présence des mâles du même degré qu'elles, venaient contre-balancer ces faveurs signalées. Ce dont la coutume normande se préoccupe principalement, c'est le maintien de la splendeur de la famille; à ce but, capital à ses yeux, elle subordonne sans peine les droits des femmes et des enfants, sur lesquels elle veille en d'autres occurences avec un soin si jaloux. A plus forte raison, ne craint-elle pas de sacrifier à cette considération les intérêts des tiers. C'est, en effet, un des caractères distinctifs de la législation de notre province de s'inquiéter extrêmement peu de l'irrévocabilité des translations de la propriété. L'acheteur qui réunit dans ses mains l'héritage d'une famille, le créancier qui l'exproprie pour obtenir un payement qui lui est dû, sont, à ses yeux, des spéculateurs importuns et presque odieux. Mille chances de dépossession viennent les atteindre, et toute la faveur de la la loi est réservée à la conservation des fortunes.

Les relations de famille se composant de celles qui unissent d'abord les époux entre eux, puis les parents et leurs enfants, enfin les parents collatéraux les uns envers les autres, le partage naturel de notre sujet nous fournira, de lui-même, les trois divisions de ce travail.

PREMIÈRE PARTIE.

DISPOSITIONS DE LA COUTUME DE NORMANDIE RELATIVES AUX MARIAGES ET AUX DROITS RESPECTIFS DES ÉPOUX.

De même que les autres coutumes en vigueur autrefois, celle de la Normandie ne s'occupait pas des lois constitutives des mariages. Elle abandonnait ce soin au droit de l'Église catholique, dont la législation, on le sait, était en même temps celle de l'État, en ce qui concernait la validité du lien conjugal. Cependant les édits de nos rois, basés sur des motifs d'ordre public, avaient ajouté plusieurs conditions nouvelles à celles imposées par les canons, pour être admis à contracter mariage. Selon les jurisconsultes gallicans, l'infraction aux ordonnances qui les renfermaient, apportait un obstacle à l'existence du mariage même dans le for de la conscience; le sacrement, pour produire ses effets, supposant préalablement un contrat civil dont l'aptitude, chez les parties contractantes, était soumise aux règlements émanés du pouvoir séculier (1). Enfin, sans contester la validité intrinsèque de certains mariages, les ordonnances leur refusaient les effets civils. Tels étaient les mariages tenus secrets et ceux contractés *in extremis*, dans le but de réparer des désordres précédents. Les tribunaux ecclésiastiques connaissaient des nullités de mariage provenant

---

(1) Pothier, *Traité du contrat de mariage*, ch. III, art. 1. L'Église elle-même semble avoir admis cette théorie, au moins anciennement. Les conciles, en effet, au commencement du moyen-âge, en se prononçant hautement pour la validité du mariage des esclaves, contrairement au droit romain, exigeaient à peine de nullité le consentement des maîtres.

de l'inobservation des règles canoniques, mais ils étaient soumis à la haute juridiction des Parlements, en possession d'annuler leurs décisions au moyen de l'appel comme d'abus. Quant aux questions matrimoniales se rattachant aux prescriptions du droit civil, elles étaient portées directement devant les tribunaux ordinaires.

N'insistons pas davantage sur ces principes reçus partout dans l'ancienne France relativement aux mariages. Remarquons seulement que la jurisprudence de notre province, dans ses tendances aristocratiques et sa haine pour les alliances inégales, n'avait pu se soumettre franchement aux dispositions des édits qui permettaient au fils de famille majeur de trente ans de se marier, après sommation, sans le consentement de son père. Pour valider une semblable union, on exigeait, en effet, que le projet de la former n'eût pas commencé avant la majorité du fils. En vain, s'il en eût été autrement, le mariage n'eût-il été réalisé qu'après ce temps; on y eût vu une sorte de fraude à la loi, qu'on ne pouvait sans danger laisser impunie. Le Parlement, en outre, pour employer les expressions d'un de ses membres, commentateur de notre coutume (1), *plein de zèle pour ces pères infortunés que la tendresse a armés contre leurs enfants retenus dans les liens d'une folle passion*, annulait les mariages de ce genre, quand la condition de la nouvelle épouse présentait avec celle du mari une inégalité choquante. Nous apprenons de plus du même auteur qu'une pratique ancienne, abandonnée, il est vrai, dès le commencement du siècle dernier, permettait, en ce

---

(1) Roupenel de Chénilly, conseiller au Parlement de Normandie, *Annotations sur Pesnel*, p. 241.

cas, aux tribunaux *de condamner la fille au fouet, au bannissement hors la province, quelquefois à la mort, selon l'énormité de la violation des règles.* On appliquait les peines du rapt à cette alliance que l'on qualifiait de *rapt de séduction.*

Supposons donc le mariage valablement formé, et parcourons les règles spéciales au droit normand, quant à ses conséquences relativement à la personne et aux biens des époux.

CHAPITRE PREMIER.

DE L'AUTORITÉ DU MARI SUR LA PERSONNE DE LA FEMME.

La coutume de Normandie, dans sa rédaction définitive, ne contenait aucune disposition particulière relativement aux pouvoirs attribués au mari sur la personne de sa femme. L'on se référait à cet égard aux principes généraux du droit français, puisés à la fois dans le droit canonique et dans le droit romain. Ainsi, la femme était obligée de suivre son mari partout où il lui plairait d'aller habiter, pourvu toutefois que ce ne fût pas hors du territoire du royaume; le mari, de son côté, était tenu de lui fournir un entretien décent et conforme au rang qu'il occupait dans le monde. L'ancienne jurisprudence, du reste, en cette matière si intimement liée au droit naturel, se rapprochait beaucoup des prescriptions de notre Code actuel.

La législation primitive de la Normandie n'était pas aussi silencieuse sur ce point. On trouve, à ce sujet, dans le grand Coutumier, des détails précieux qui nous montrent quelle était encore, au commencement du

XIVᵉ. siècle, la rudesse des mœurs de nos pères. *Aucun n'est tenu à faire loi pour simple bature qu'il ait faite à sa femme*, est-il dit au chap. 85, *de simple querele personnel, car l'on doit entendre qu'il le fait pour la chastier*. Plus loin, pourtant, l'on permet à la femme d'*être ouye en derrière de son mari, s'il la méhaigne, ou lui crève les yeux, ou lui brise les bras, ou il a acoustumé à la traiter vilainement, car ainsi ne doit l'en pas chastier femme*. Une approbation aussi peu séante, accordée par la loi elle-même à la brutalité du mari, n'avait pu trouver place dans la coutume réformée; mais elle y avait laissé pourtant après elle quelques traces qu'il est bon de signaler. De ce droit de châtiment corporel, si révoltant à nos yeux, la jurisprudence de la province avait tiré anciennement pour conséquence, que le mari doit répondre personnellement des délits de sa femme, toutes les fois qu'il ne prouve pas qu'il s'est efforcé, par des punitions salutaires, de réprimer ses inclinations mauvaises. De là, l'art. 544 de la nouvelle coutume, qui déclare le mari obligé civilement pour les délits de son épouse, dès là qu'il prend sa défense lorsqu'elle est poursuivie. S'il la désavoue, les dommages et intérêts qu'elle encourt s'exécutent, il est vrai, seulement sur ses biens propres, mais l'usufruit du mari n'est pas réservé. Loin de là, le créancier doit discuter les revenus, avant de saisir les capitaux et les fonds de terre.

Une conséquence naturelle de la puissance maritale, en Normandie comme ailleurs, était l'impossibilité pour la femme de suivre un procès ou de passer un contrat, sans avoir obtenu préalablement l'autorisation de son mari. La rigueur, à cet égard, avait d'abord été poussée si loin, que le grand Coutumier n'admettait pas une femme mariée citée en justice criminelle à se défendre seule, malgré cette règle, d'une équité incontestable, qu'il n'est pas permis de condamner quelqu'un sans l'entendre (1). A plus forte raison, dans les causes civiles, on n'eût pas autorisé la femme à faire suppléer par le juge le consentement que son mari lui refusait. La coutume définitive avait adouci, il est vrai, ce respect exagéré pour les droits du mari, mais la réforme opérée par elle avait été timide. A part le principe de la libre défense de la femme mariée, en matière criminelle, contenu dans l'art. 544, les art. 543 et 545 lui permettent d'agir seule en deux cas; le premier, quand elle poursuit la réparation d'une injure atroce; le second, lorsqu'elle intente une action en réintégrande, en l'absence du mari. Dans ces hypothèses exceptionnelles, la permission de la justice ne lui est pas utile; mais aussi, en dehors d'elles, rien dans la coutume n'autorise à penser qu'elle entend donner au juge le pouvoir de s'immiscer dans les affaires du ménage, et d'accorder à la femme une autorisation qu'elle ne peut obtenir de son époux.

Cependant, la jurisprudence, plus puissante sous l'empire des coutumes qu'elle ne l'est aujourd'hui, comblait cette lacune ou réparait cette injustice. Mais avant que la femme fut admise à se pourvoir devant le juge de son domicile, pour triompher, grâce à son secours, de l'obstination du mari, il fallait qu'elle

---

(1) « Femmes ne doivent pas être reçues à suyr causes criminelles ne à *les défendre*; mais les hommes peuvent suyr des méfaits qui ont été faits à leur femmes et *les défendre*, si elles sont appelées. » Chap. LXXVII, *De suite de femmes*.

obtint des *lettres royaux* qui lui permissent d'employer ce remède. On exigeait, en ce cas, comme dans toutes les actions extraordinaires, que le prince autorisât le juge, par un rescrit spécial, à s'écarter du droit commun. Ainsi, à Rome, pour des actions du même genre, la restitution en entier accordée par le préteur devait précéder l'exercice de la revendication. Ces lettres du prince, sérieuses à leur origine, avaient eu ce grand avantage de faire sentir aux juges seigneuriaux l'autorité du monarque; mais elles avaient fini par n'être plus qu'une formalité purement fiscale. Depuis longtemps, elles n'émanaient pas directement du roi et n'étaient d'ailleurs refusées à personne. Elles se délivraient au greffe des Parlements qui, pour les matières judiciaires, jouissaient des attributions de l'autorité souveraine.

Le testament fait par une femme mariée n'échappait pas, en Normandie, à la nécessité de l'autorisation maritale, malgré le caractère essentiellement personnel de cet acte. Cependant, il pouvait être convenu dans le contrat de mariage que la femme aurait le droit de tester par sa seule volonté (1).

CHAPITRE II.

DES RÈGLES APPLICABLES AUX CONTRATS DE MARIAGE.

Contrairement au droit commun de l'ancienne France, les contrats de mariage, en Normandie, pouvaient avoir lieu par acte sous signature privée. Cette faculté laissée aux parties a de quoi surprendre sous une législation

---

(1) *Cout.*, art. 417.

qui défendait avec une sévérité extrême tout avantage direct ou indirect fait entre époux pendant le mariage. Aussi, pour en atténuer les dangers, exigeait-on que le contrat sous seing fût revêtu de la signature des parents des conjoints. L'assentiment de leurs héritiers présomptifs semblait, en effet, une preuve assurée qu'ils n'avaient pas profité de ce moyen pour s'attribuer respectivement des donations, par la supposition après coup d'un contrat frauduleux.

Quand aucun contrat de mariage n'avait été rédigé par écrit, la coutume, allant beaucoup plus loin, permettait, sous le nom de *record de mariage,* la preuve testimoniale des conventions des époux (1). Seulement, et cela est facile à comprendre, ici encore il était nécessaire que ces conventions eussent été arrêtées en présence d'amis et de parents choisis des deux côtés. La conservation de cet antique usage, nonobstant l'ordonnance de Moulins, s'expliquait, aux yeux des jurisconsultes normands, par la solennité particulière des pactions matrimoniales formées ainsi publiquement en quelque sorte avec le concours des deux familles. L'usage du *record de mariage* remontait évidemment aux temps grossiers du moyen-âge, dans lesquels les droits civils des époux se réglaient verbalement à la porte de l'Eglise, avant la bénédiction religieuse qu'ils allaient recevoir. Cette manière si imparfaite de constater les accords des parties avait dû naturellement tomber presqu'en désuétude dès le commencement du dernier siècle. Elle présentait, dans la pratique, des inconvénients signalés, puisque la mort des témoins de l'un des époux avait pour résultat

---

(1) *Couf.*, art. 386 et 387; *Placités*, art. 78.

de rendre désormais impossible la preuve des conventions intervenues.

L'hypothèque légale de la femme, toutefois, ne pouvait résulter du *record*, ni du contrat sous seing. Il fallait, pour la faire naître, un contrat de mariage rédigé dans la forme authentique, ou du moins ayant acquis date certaine. Les conventions matrimoniales, à cet égard, étaient soumises à la règle commune. Le droit normand, en effet, et cette règle, on le sait, était générale dans la France ancienne, oubliant la véritable nature de l'hypothèque, au lieu d'en faire une convention accessoire, présumée par la loi dans certains cas seulement, l'attachait, de plein droit, à tous les contrats, à dater du moment où leur existence était reconnue (1).

L'attachement de nos aïeux aux institutions antiques de leur province ne permettait pas, dans la rédaction des contrats de mariage, la liberté presque illimitée accordée par le Code civil. Il ne pouvait dépendre de la volonté des parties de priver la femme des garanties qu'elle devait obtenir pour la conservation de ses biens, en s'écartant de ce régime dotal d'une nature particulière en vigueur parmi nous. Toute stipulation de communauté était interdite (2), et la jurisprudence de la province, malgré l'opposition peu fondée, ce semble, des autres Parlements, faisait de ce régime un statut réel qui s'appliquait, sans distinction, aux fonds de

(1) *Placités*, art. 136. On appelait de ce nom, en Normandie, un règlement interprétatif de la coutume, arrêté par le Parlement de Rouen et approuvé solennellement par le roi Louis XIV, en 1661. Les *articles placités* faisaient partie de la législation de la province et s'identifiaient avec la coutume.

(2) *Cout.*, art. 389.

terre situés dans son enclave, quel que fût d'ailleurs le domicile de leurs propriétaires. Du reste, dès là qu'ils respectaient les bases essentielles du statut normand, il était permis aux époux d'en modifier les conséquences accessoires. On les autorisait, par exemple, comme nous le verrons plus tard, à stipuler la séparation de biens.

Les libéralités permises aux futurs époux étaient très-restreintes, alors surtout qu'elles émanaient du mari. Ce dernier ne pouvait donner à sa fiancée aucuns immeubles, et, relativement à ses meubles, la coutume établissait une proportion peu élevée qu'il ne pouvait dépasser, tirée de la valeur de ses biens immobiliers (1). La conséquence de cette disposition était l'interdiction de toute donation, quand le futur ne possédait que des meubles. On avait voulu veiller aux intérêts des familles dont l'industrie formait le patrimoine. Quant à la défaveur particulière des donations émanant du mari, elle s'expliquait par un double motif. Plus indépendant que la future épouse, il était plus à craindre aussi qu'il ne cédât aux entraînements d'une passion inconsidérée ; puis, grâce aux lois de succession, sa fortune, ordinairement plus considérable, méritait mieux que celle de la femme que la loi veillât sur elle pour la transmettre à ses héritiers.

La future avait la liberté de donner à son mari le tiers de ses immeubles présents et à venir, outre la totalité de son mobilier présent qu'elle lui abandonnait de droit commun par le seul fait du mariage. Cette donation très-usitée de la femme au mari, bien qu'elle consistât en

(1) *Cout.*, art. 429.

immeubles, portait, en Normandie, le nom de *don mobil*. Cette dénomination était, nous le croyons, un souvenir de ces antiques cadeaux d'armes de guerre que la femme germaine, au dire de Tacite, apportait à son mari, au milieu des cérémonies des fiançailles (1). Quand la femme était veuve et qu'elle avait des enfants d'un premier mariage, le *don mobil* et l'attribution tacite des meubles en faveur du second mari étaient réduits à une part d'enfant le moins prenant par l'article 405 de la coutume. Cet article, contraire à l'ancien droit de la province, avait été puisé, lors de la réformation de la coutume, dans l'édit de 1560. Mais on n'observait pas, en Normandie, le second chef de cet édit, réservant aux enfants du premier lit la propriété des objets donnés par leur père à la mère remariée. Les Parlements, on le sait, en possession d'enregistrer, pour les promulguer dans leur ressort, les ordonnances de nos rois, s'arrogeaient le droit d'en retrancher, de leur autorité propre, les dispositions qui leur semblaient inutiles et contraires aux usages anciens de la contrée.

Pendant la durée du mariage, la coutume normande redoublait de sollicitude pour les intérêts de la famille des époux. Toute espèce de donation l'un envers l'autre était interdite à ceux-ci, et cette incapacité s'étendait à leurs parents, même à ceux dont ils n'étaient pas héritiers présomptifs. Il leur était également défendu de passer ensemble des contrats à titre onéreux, de peur que ces conventions ne servissent à cacher quelque

(1) « In hæc munera uxor accipitur, atque invicem ipsa armorum aliquid viro offert. » (Tacit., *De mor. Germ.*, cap. XVIII.)

libéralité simulée. L'a... ... admettait pourtant comme valable l'abandon d'un immeuble fait par le mari à sa femme, en remplacement d'un propre aliéné. Quant au testament d'un des époux en faveur de l'autre, la femme ne pouvait rien donner à son mari de cette manière. Obligée, nous l'avons vu, d'obtenir, pour tester, l'autorisation de celui-ci, sa volonté à cet égard n'eût pas paru suffisamment indépendante. Pour le mari, fût-il privé d'enfants, il ne pouvait léguer à sa femme que des meubles dans la proportion fixée par l'art. 429.

La même raison qui faisait envisager avec défaveur les donations entre époux, rendait, au contraire, extrêmement favorables les institutions contractuelles, qui se prêtaient merveilleusement aux vues de la législation de ce temps, relativement à la conservation des fortunes. Ce genre de libéralité s'appelait, en Normandie, *promesse de garder succession.* Il n'était permis, il est vrai, qu'envers l'héritier présomptif du donateur, à cause de la maxime coutumière qu'*il n'appartient qu'à Dieu et non à l'homme de faire un héritier;* mais on ne validait pas seulement une semblable promesse quand elle avait lieu par contrat de mariage en faveur d'un des futurs époux; on l'autorisait en toutes circonstances, alors même qu'il n'était nullement question d'un établissement pour le donataire. Ses effets, d'ailleurs, étaient bien plus étendus qu'ils ne le sont aujourd'hui, puisque l'auteur de la promesse ne pouvait plus aliéner, ni hypothéquer ses immeubles, sinon *en cas de nécessité, de maladie ou de prison* (1).

(1) *Cout.*, art. 244; *Placit.*, art. 45.

Une autre particularité encore plus remarquable du droit normand, en ce qui concerne les institutions contractuelles, c'est que l'institution faite par un ascendant en faveur de l'un de ses enfants était étendue tacitement, mais forcément, à tous les enfants nés et à naître. Le père de famille, en Normandie, ne pouvant avantager l'un de ses descendants au détriment des autres, la jurisprudence avait été placée dans cette alternative, ou d'annuler complètement la promesse de garder succession, ou d'en communiquer le bénéfice à la postérité entière du donateur. Il en résultait qu'après avoir marié l'un de ses fils avec une clause semblable (elle était d'ailleurs très-usitée), un père avait perdu absolument le droit de disposer de ses biens.

CHAPITRE III.

DU RÉGIME MATRIMONIAL DES ÉPOUX NORMANDS.

La coutume de Normandie, nous l'avons dit, rejetait la communauté d'une manière complète, et pourtant elle s'écartait encore davantage du régime dotal, tel que nous l'ont transmis les Romains. En parcourant ses dispositions sur la matière qui nous occupe, nous allons y trouver un grand nombre de règles qui semblent empruntées aux pays de communauté et qui la rattachent manifestement aux institutions générales de la France coutumière. C'est qu'en effet le régime matrimonial particulier à la Normandie avait, avec la communauté, un point de départ commun. Cette dernière, on le sait, n'était pas connue des peuples germaniques qui envahirent la Gaule. Seulement, dans leur sollicitude pour les intérêts de la femme quand elle survit à son mari, ils lui accordaient, à titre de succession, le tiers des acquisitions de toute nature que celui-ci avait pu faire pendant la durée du mariage (1). Quand les coutumes se formèrent, au milieu de cette fusion pleine de ténèbres qui confondit ensemble la législation des Francs victorieux et les traditions locales des Gaulois vaincus, quand elles prirent leur forme définitive sous l'influence également mystérieuse de certaines dispositions individuelles, spéciales aux populations qu'elles devaient régir, la communauté entre époux sortit presque partout de cette antique attribution, pour la femme survivante, du tiers des acquêts. Parmi les causes qui contribuèrent à faire augmenter la part de la femme, en changeant en même temps sa nature, il convient de signaler principalement les progrès de la civilisation toujours favorable aux droits des femmes, et les notions sur le contrat de société rendues populaires par l'étude renaissante du droit romain. Mais la Normandie, plus récemment conquise, ne s'associa pas à la transformation dont nous venons de parler. Isolée des autres provinces sous le gouvernement de ses ducs, elle fut de bonne heure en contact avec l'Angleterre où elle retrouvait les coutumes saxonnes et danoises, semblables en cela aux siennes propres. Elle maintint dès lors, relativement aux intérêts pécuniaires des époux, les règles anciennes qu'elle avait puisées à la source commune des institutions des contrées scandinaves.

§ I. Acquisition des meubles de la femme par le mari.

C'était en Normandie un principe certain que la

---

(1) Pardessus, *Loi salique*, p. 675.

femme, en se mariant, transmettait à son mari la propriété de tous ses meubles. Mais aussi les dettes de la femme tombaient à la charge du mari, sans qu'il pût alléguer aux créanciers l'insuffisance du mobilier qu'il avait reçu.

L'origine de cette translation de propriété, devenue dans les autres pays de coutume l'une des bases du régime de communauté, se trouve encore dans les lois des barbares. Quand les Francs vinrent s'établir sur le sol de la Gaule, la terre seule avait du prix à leurs yeux. Il n'appartient, en effet, qu'à la civilisation de donner de l'importance aux valeurs mobilières, œuvres exclusives du crédit et de l'industrie. Le mari, par suite, en vertu du pouvoir qu'il exerçait sur sa femme, devenait propriétaire des meubles de celle-ci. Pour qu'il eût pu d'ailleurs en être autrement, il eût fallu dresser des inventaires destinés à distinguer les apports de chacun des époux, et les mœurs grossières de cette époque, où l'écriture était presque inconnue, étaient un obstacle insurmontable à ce que l'on prît habituellement une semblable précaution.

Toutefois, la coutume de Normandie tempérait la rigueur de cette règle en déclarant immeubles et par suite réservés pour la femme un grand nombre d'objets possédant en réalité la qualité de meubles. Tels étaient les rentes de toute nature, le droit de présentation à un office vénal, les deniers donnés à la femme à l'occasion de son mariage ou recueillis par elle dans une succession en ligne directe. Dans chacun de ces cas, la femme avait contre son mari une créance hypothécaire inaliénable, pour obtenir de lui ou de ses héritiers le remboursement des sommes qu'il avait touchées,

L'art. 390 de la coutume renfermait un autre adoucissement au principe de la dévolution pour le mari des meubles de la femme. Cet article, introduit seulement lors de la rédaction officielle, obligeait le mari à faire emploi, au profit de la femme, de la moitié des meubles acquis par elle durant le mariage, soit par succession collatérale, soit par l'exercice d'une industrie séparée. On permettait, en outre, à la femme de stipuler, par son contrat de mariage, la réalisation d'une partie de son mobilier. Cette clause, dite *de remport*, n'ôtait pas cependant au mari le droit de disposer à sa volonté des meubles réservés, la dot mobilière, en Normandie, n'étant jamais inaliénable, si ce n'est quant à l'action en indemnité qui pouvait résulter de son aliénation.

§ 2. Administration des biens de la femme.

Le mari avait nécessairement l'administration des biens appartenant à sa femme et le droit d'en toucher les revenus. On n'eût pu, sans convenir d'une séparation complète, attribuer à celle-ci, comme cela a lieu aujourd'hui, la faculté de jouir séparément d'une partie de sa fortune.

Le droit ancien de la Normandie, tel que nous le révèle le grand Coutumier du XIIIe. siècle, semblait accorder au mari, sur les biens de son épouse, des pouvoirs infiniment plus étendus que ceux d'un simple administrateur. Nous y lisons, en effet (1), que *le mari a seigneurie sur sa femme ; que les femmes ne peuvent avoir rien pour elles que tout ne soit à leurs maris ; que, la*

---

(1) Chap. c, *De mariage encombré.*

femme étant à la poste de son mari, il peut disposer d'elle, et de ses choses et de ses héritages. De là, sans doute, l'origine de cette règle qui a persisté jusqu'à la fin dans la coutume normande, par suite de laquelle l'aliénation des immeubles dotaux consentie par le mari seul ne pouvait être attaquée ni par la femme, ni par le mari, tant que le lien civil du mariage n'avait pas pris fin par le décès de l'un des époux ou par leur séparation.

Mais, de bonne heure, la libre faculté pour le mari de disposer des biens de sa femme avait été restreinte aux objets mobiliers, si tant est qu'elle ait jamais existé indistinctement pour toute espèce de choses (1). Le grand Coutumier lui-même, après avoir proclamé si hautement le pouvoir absolu du mari, prévoit presque aussitôt la vente de l'immeuble de la femme faite sans son consentement, et il donne le moyen de la faire annuler. Les lois romaines aussi, depuis l'inaliénabilité du fonds dotal établie par Auguste, ne cessaient pas pour cela de reconnaître en principe le mari comme maître de la dot.

Cette annulation de la vente illégale de l'immeuble dotal avait lieu au moyen du *bref de mariage encombré*. On appelait de ce nom un ordre du juge en vertu duquel la femme, devenue maîtresse de ses droits, obtenait la faculté de rentrer en possession. Toutes les actions, dans l'ancienne procédure normande, étaient soumises

---

(1) Les lois barbares, auxquelles il faut toujours en revenir pour trouver les origines de notre coutume, reconnaissaient, il est vrai, pour la femme, une propriété distincte de celle de son mari; mais elles autorisaient, ce semble, ce dernier à disposer des biens de sa femme, à moins qu'il n'eût fait un emploi frauduleux du pouvoir qui lui était accordé.

à la nécessité préalable de l'obtention d'un *bref*, et cet usage, porté dans l'Angleterre par ses vainqueurs, s'y est maintenu jusqu'à nos jours. Utile sans doute primitivement pour préserver un possesseur paisible des attaques de mauvaise foi d'un plaideur téméraire, cette intervention prématurée du juge n'avait pas tardé à devenir en Normandie, comme elle l'est aujourd'hui chez nos voisins, une sorte de formule inutile et gênante. Aussi ne s'était-elle maintenue dans la pratique que pour un petit nombre de cas.

L'action de *mariage encombré*, d'après les commentateurs de notre coutume, était une véritable action en réintégrande, et c'est ainsi qu'ils expliquent la brièveté de sa durée ; elle ne se prolongeait pas, en effet, au-delà de l'an et jour écoulés depuis la dissolution du mariage ou la séparation de biens. Cette explication me paraît contestable, puisque la revendication de la femme, intentée dans l'année et rejetée par le juge, n'eût pu certainement être présentée de nouveau par la voie pétitoire. Dans le droit germanique, on le sait, lorsqu'un immeuble changeait de maître, une fois l'acquéreur investi de la possession par les formalités de l'*ensaisinement*, toute réclamation d'un droit supérieur était interdite, quand elle n'avait pas été formée dans l'espace d'un an. Cette règle, abrogée par l'usage relativement aux actions ordinaires, avait continué, nous le croyons, de s'appliquer à celle qui nous occupe, spéciale à la Normandie. Du reste, après l'an et jour, la femme, à défaut de l'action de mariage encombré qu'elle n'avait pas intentée, pouvait encore revendiquer son immeuble vendu par le mari sans son consentement, au moyen d'une action dite *de loi apparente* (1). Pour adopter cette décision, on avait vraisemblablement invoqué en sa faveur les mêmes considérations d'équité qui, dans les autres matières, avaient fait restreindre la prescription annale aux actions possessoires.

§ III. Inaliénabilité des immeubles de la femme.

Particulière au droit romain, l'inaliénabilité véritable de la dot n'existait nulle part dans les coutumes, et celle de la Normandie, par son art. 538, proclamait elle-même la validité de l'aliénation des immeubles dotaux, quand elle avait eu lieu du commun consentement du mari et de la femme. Cependant l'esprit prévoyant de nos aïeux avait compris de bonne heure quel danger il y avait pour la famille à laisser aux époux, comme dans les autres pays de la France coutumière, une liberté illimitée à l'effet de dissiper leur patrimoine et d'abdiquer leur aisance. Il paraît que d'abord on avait appliqué l'action de *mariage encombré*, même aux cas dans lesquels la femme avait consenti sans motifs sérieux à la vente de ses biens (2). Les contrats, à cette époque, ayant lieu le plus souvent sans qu'il fût dressé d'acte écrit, il avait paru raisonnable de ne pas tenir compte d'un assentiment verbal, produit peut-être de la capta-

(1) Tel était le nom que portaient anciennement en Normandie les actions réelles. La question à juger présentant d'ordinaire alors de l'incertitude, on faisait *apparaître la loi*, c'est-à-dire le bon droit, au moyen du *récognissant du voisiné*, véritable jugement par jurés, nous l'avons déjà dit. Dans les actions personnelles, habituellement plus simples et moins importantes, le juge, au contraire, statuait seul. (*Grand Coutumier*, ch. LXXXVII, *De querèle de possession.*)

(2) *Grand Coutumier*, ch. c, *De bref de mariage encombré.*

tion et de la violence Mais, quand l'usage de l'écriture était venu à se répandre, il n'avait plus semblé possible de regarder comme non avenue la volonté de la femme, alors surtout qu'elle avait été constatée authentiquement par un notaire. On avait eu recours à un autre remède également fort ancien, puisque nous le trouvons déjà en vigueur dans l'ouvrage de Glanville, justicier d'Henri II, duc de Normandie et roi d'Angleterre (1).

L'aliénation des immeubles dotaux faite par les deux époux conjointement étant bonne et valable, l'acquéreur ne pouvait aucunement être inquiété tant que l'action en restitution de la dot n'était pas ouverte au profit de la femme. Mais, pour qu'il continuât d'en être ainsi après cette époque, il était nécessaire que la femme retrouvât dans la succession du mari la valeur représentative de son immeuble vendu. Cette valeur, en effet, était, elle, vraiment inaliénable, et constituait en quelque sorte l'arche sainte de la famille, sur laquelle il n'était permis à personne de porter les mains. Par suite, quand la succession du mari était insolvable, on accordait à la femme un recours subsidiaire contre les tiers détenteurs. Ces derniers étaient obligés de lui payer eux-mêmes l'estimation qui devait lui revenir, faute de quoi ils étaient dépossédés par elle. De plus, pour fixer la valeur véritable de ses biens, l'on ne s'attachait pas ex-

---

(1) Glanvilla, *De legibus et consuetudinibus regni Angliæ*, cap. vi. *De dotibus.* Bien que tout ce chapitre, écrit dans un latin barbare, soit d'une intelligence très-difficile, on y voit pourtant que la femme, dont le douaire et la dot ont été vendus, a un recours contre l'acquéreur. Mais il faut, pour cela, que les héritiers du mari ne soient pas solvables, et qu'elle ne puisse, dès-lors, obtenir d'eux un dédommagement convenable, *competens escambium.*

clusivement au prix stipulé dans l'acte de vente ; l'on permettait à la femme d'opter entre ce prix de vente et l'estimation à dire d'experts au moment de l'action. Ces droits, du reste, ne lui étaient pas personnels, et lorsqu'elle mourait la première, ses héritiers pouvaient, comme elle, recourir contre les acquéreurs, après avoir discuté préalablement les biens du mari, garant de la vente.

L'inaliénabilité de la valeur représentative de la dot était encore assurée par la défense faite à la femme de s'obliger personnellement. Dès là qu'une femme mariée n'était pas séparée de biens, toutes les obligations passives qu'elle aurait contractées étaient nulles en ce qui la concernait ; elles étaient présumées de plein droit intervenues dans l'intérêt du mari, et ce dernier seul en était responsable s'il y avait figuré pour habiliter sa femme. Par suite de ces principes particuliers à la Normandie, l'édit d'Henri IV de 1606, portant abrogation du sénatus-consulte Velléien, n'y avait jamais été reçu. Mais, il est facile de l'apercevoir, l'incapacité absolue de s'obliger de la femme normande était bien plus étendue que celle établie par ce sénatus-consulte.

Ce système matrimonial, on le voit, réunissait à la fois en quelque sorte, les avantages de la communauté et ceux du régime dotal. Il rendait assuré l'avenir de la famille, sans frapper le patrimoine de l'épouse d'une immobilité complète, bien souvent regrettable. Aussi n'a-t-il pas disparu parmi nous, avec la coutume qui l'avait consacré. Grâce à la liberté des conventions matrimoniales proclamée par le Code civil, il s'est perpétué dans nos contrées aussi fidèlement que le permettaient nos lois actuelles. Adoption du régime dotal, constitution en dot de tous les biens de la femme présents et à venir, faculté d'aliéner les immeubles dotaux moyennant remplacement, stipulation enfin d'une communauté d'acquêts, telles sont les bases de la presque totalité des contrats de mariage reçus aujourd'hui dans les départements de l'ancienne Normandie. Peut-être cette combinaison, qui ménage tant d'intérêts divers, est-elle appelée à se propager plus loin et à remplacer, au moins fréquemment, dans les autres provinces, la communauté pure et simple si pleine de dangers pour la fortune de l'épouse.

CHAPITRE IV.

DES DROITS RESPECTIFS DES ÉPOUX APRÈS LA DISSOLUTION DU MARIAGE.

§ I. Droits de succession de la femme sur les biens de son mari.

La coutume de Normandie avait encore avec le régime de communauté ce point de ressemblance, qu'elle aussi faisait participer la femme aux résultats avantageux qu'avaient produits, pendant la durée du mariage, le travail et l'économie de chacun des époux. Cette participation, toutefois, reposait sur des idées différentes qui lui donnaient naturellement, dans l'application, des conséquences opposées. La communauté, en effet, supposant un contrat de société entre le mari et la femme; celle-ci, quand elle meurt la première, doit évidemment transmettre à ses héritiers son droit de demander le partage. En Normandie, au contraire, sauf une seule exception, le bénéfice attribué à la femme à cet égard lui était personnel. Véritable droit de succession, il s'éteignait avec elle et ne pouvait passer à des tiers. De même également, il ne prenait pas naissance par la séparation de biens, puisqu'on ne peut hériter d'un homme vivant; tandis que la femme commune, dans l'ancienne jurisprudence comme sous le Code civil, avait, en ce cas, la faculté incontestable de réclamer sa part dans l'association désormais dissoute.

Le droit de la femme survivante, de venir à la succession de son mari défunt, s'appliquait à la fois aux meubles et aux acquêts en immeubles. Pour les premiers, sa part était du tiers, s'il existait des enfants; elle s'élevait à la moitié quand il n'y en avait pas, ou même, si le mari n'avait laissé que des filles déjà mariées à l'époque de sa mort (1). Relativement aux immeubles acquis par le mari pendant la durée du mariage, on avait maintenu indistinctement l'ancienne proportion du tiers établie par les capitulaires et les lois barbares (2). Seulement, on avait restreint à l'usufruit la propriété de ce tiers d'abord attribuée à la femme, afin d'empêcher, par là, qu'elle ne pût porter les biens dont il se composait dans une famille étrangère.

Il existait pourtant une espèce particulière d'acquêts à l'égard desquels on suivait, en Normandie, les principes

(1) *Cout.*, art. 392 et 393.
(2) Les lois barbares ne s'expliquent pas sur le point de savoir s'il faut comprendre dans les conquêts les meubles appartenant aux deux époux au moment du mariage et devenus par suite indistinctement la propriété du mari. Toutefois l'affirmative semble extrêmement probable. Comme le fait remarquer M. Pardessus, la rareté des preuves littérales dans ces temps reculés ne permet pas de supposer que l'on constatât les meubles existant à l'époque du mariage, afin de les distinguer de ceux acquis depuis. (Pardessus, *Loi salique*, p. 682.)

reçus dans les coutumes qui admettaient la communauté. Les terres et les maisons situées en *bourgage* se partageaient également et complétement entre les époux, et les héritiers de la femme prenaient la moitié dévolue à celle-ci, en supposant qu'elle fût morte avant le mari. On qualifiait de *bourgage* le territoire des villes et des bourgs, et aussi quelques terrains situés dans les campagnes, auxquels l'usage, souverain en cette matière, conférait pareillement cette prérogative. Tandis que le reste de la contrée était soumis aux exigences aristocratiques du régime féodal, *les bourgages* étaient régis par une législation spéciale plus conforme au droit naturel. Ils étaient affranchis des redevances seigneuriales ; et, contre la règle générale de la coutume, les filles y prenaient part égale avec leurs frères, quand elles venaient à la succession de leurs parents. Nos ducs, en accordant de semblables privilèges aux habitants des villes, propriétaires habituels des terrains sis en bourgage, avaient voulu favoriser la renaissance de la classe moyenne et ranimer par là le commerce et l'industrie. Peut-être aussi quelques souvenirs du droit romain, conservés traditionnellement dans les anciens souvenirs de la Neustrie, avaient-ils contribué à préserver *les bourgages* de l'application des lois coutumières les moins équitables (1).

Quand les héritiers de la femme partageaient avec le

---

(1) Quand des rentes constituées avaient été acquises par le mari, on les réputait *bourgages*, si les biens de celui qui les devait étaient situés dans les villes. Chose étrange, pour connaître ce point, l'on s'en rapportait exclusivement à la déclaration du débiteur, libre ainsi, le cas échéant, d'attribuer la moitié de la rente, soit au mari, soit aux héritiers de la femme. (Basnage, sur l'art. 329.)

mari les acquêts *en bourgage*, ils n'étaient tenus des dettes de ce dernier que jusqu'à concurrence de leur émolument ; c'était la conséquence nécessaire de l'absence de communauté entre les époux. La femme survivante, au contraire, en acceptant la part que la coutume lui déférait dans la succession de son mari, s'engageait, en qualité d'héritière, au payement de ses dettes; et, comme en Normandie chaque héritier était obligé solidairement vis-à-vis des créanciers du défunt, il en résultait pour elle l'impossibilité d'attaquer les détenteurs de ses immeubles dotaux aliénés par le mari. Elle leur devait, en effet, garantie d'une manière absolue.

Dès lors, pour se réserver le droit d'intenter contre eux les diverses actions admises par la coutume, il fallait qu'après son veuvage, elle renonçât préalablement à sa part dans les meubles et acquêts. La femme renonçante, outre ses biens dotaux, reprenait dans la succession du mari les meubles qu'elle avait réalisés par son contrat de mariage. A défaut de réalisation, on l'autorisait même à réclamer les objets à son usage personnel, pourvu que leur valeur ne fût pas excessive. Cette part privilégiée portait le nom de *paraphernaux* (1), malgré le rapport bien éloigné, on le voit, qu'elle présentait avec les véritables paraphernaux du régime dotal.

Quand la femme acceptait la succession qui lui était déférée, avant de partager les meubles et les acquêts, l'on commençait, selon le droit commun, par y prélever la valeur des propres de chacun des époux aliénés

---

(1) *Cout.*, art. 394 et 395.

pendant le mariage. Ce prélèvement même était, ce semble, plus nécessaire qu'ailleurs, sous la coutume de Normandie, à cause de son extrême éloignement pour les donations entre les époux. Cependant, par une contradiction assez singulière, que son respect pour les antiques traditions peut seule expliquer, elle autorisait, de la part de la femme, en se mariant, l'emploi d'une clause dite de *consignation*, dont le résultat inévitable était de rendre faciles en sa faveur les libéralités indirectes. Lorsque la dot, en effet, avait été consignée par le contrat de mariage, les propres du mari devaient seuls en répondre, si elle ne se retrouvait pas en nature à la dissolution de l'union conjugale. La femme, par suite, ses immeubles dotaux ayant été vendus, reprenait en premier lieu leur valeur intégrale sur les biens du mari; puis elle recevait part dans les meubles et les acquêts augmentés par le prix de vente touché par celui-ci. Nous voyons dans Loisel (1), que cette convention, permise d'abord dans les autres coutumes, sous le nom d'*assignat de dot*, avait été proscrite à l'époque de leur réformation, comme contraire à la justice.

§ II. Douaire de la femme survivante.

Le douaire de la femme, nul ne l'ignore, était une institution commune à toutes les coutumes de l'ancienne France. Plus prévoyantes à cet égard que le droit romain et que le Code civil, elles avaient voulu garantir à la femme, devenue veuve, le maintien de l'aisance dont elle avait joui pendant la durée du mariage. Cette

---

(1) *Institutes coutumières*, liv. 1, tit. III, r. 14.

sollicitude, si louable pour l'avenir de l'épouse, remplaçait jusqu'à un certain point les droits de succession dont elle était souvent privée dans sa famille, par suite des lois nées du régime féodal toujours favorable à la concentration des fortunes.

Déjà, chez les Germains, il était d'usage que le mari, au moment du mariage, offrît avec solennité des présents à sa femme (1). Ces dons d'objets mobiliers ne pouvaient, il est vrai, assurer à celle-ci une subsistance certaine; mais ils témoignaient hautement de quel respect les mœurs, dès cette époque, environnaient la qualité d'épouse. Quand les barbares se furent définitivement fixés dans les Gaules, la donation du mari devint plus générale encore, et elle prit en outre une fixité nouvelle, en s'appliquant dorénavant à des fonds de terre. Comme la langue latine ne fournissait pas de nom propre qui pût la désigner, on lui transporta la qualification de *dot*. Le mot *mariage*, en latin *maritagium*, fut employé, lui, pour exprimer l'apport de la femme, et notre coutume avait gardé jusqu'à la fin cette manière de l'entendre. Pendant toute la durée du moyen-âge, le douaire, appelé *dot* alors, fut considéré comme le signe distinctif qui séparait le mariage véritable d'une union moins pure destituée de ce caractère. Aussi l'Eglise catholique, fidèle à respecter les traditions antiques, a-t-elle conservé dans son rituel, pour la cérémonie du mariage, la stipulation d'un douaire fictif que vient attester la pièce d'argent remise par le mari à la nouvelle épouse.

(1) Tacit., *De mor. Germ.*, cap. XVIII.

Le douaire ayant ainsi passé dans les mœurs; quand les époux avaient omis d'en stipuler un, il avait paru équitable d'attribuer cette omission à l'oubli, plutôt que d'y voir la volonté coupable de refuser à leur union la sainteté conjugale. Dès-lors, en réparant leur inadvertance, les usages, pour ce cas, durent de bonne heure établir un douaire légal. Bien qu'on rapporte fréquemment à Philippe-Auguste (1) l'institution du douaire légal, elle est évidemment beaucoup plus ancienne, puisque la loi des Francs Ripuaires donnait déjà à l'épouse survivante cinquante sous d'or à prendre sur les biens de son mari défunt (2). La libéralité qui nous occupe était d'abord en propriété; plus tard, elle fut réduite à l'usufruit. Un simple droit de jouissance, concédé à la femme, suffisait pour conserver au douaire sa destination véritable, et l'on évitait par là le morcellement de la succession du mari, toujours dangereux pour la splendeur de sa famille.

Philippe-Auguste, en régularisant le douaire légal, l'avait fixé à l'usufruit de la moitié des biens laissés par le mari; mais cette ordonnance, spéciale aux terres de son domaine, ne s'appliqua pas à la Normandie, où l'on suivit constamment, pour l'établissement du douaire, une proportion différente. Cette proportion était du tiers (3); les droits de la femme s'étendaient à tous les

---

(1) Loisel, *Institutes coutumières*, liv. I, tit. III, r. 1.

(2) Pardessus, *Loi salique*, p. 683.

(3) « Coustume est que la femme qui a son mary mort ait la tierce partie du fief qu'il tenait au temps qu'il l'espousa. » (*Grand Coutumier de Normandie*, ch. 11, *De coustume*.) La *loi commune* de l'Angleterre a continué jusqu'à nos jours d'admettre le douaire légal du tiers. (*Droit anglais*, par Laya, t. 1, p. 51.)

immeubles réels ou fictifs possédés par le mari à l'époque du mariage, et à ceux qui lui advenaient, pendant sa durée, à titre de succession directe. La femme n'avait aucun douaire à prétendre sur les biens échus à son mari par donation entre-vifs ou par succession collatérale ; elle n'avait pas dû compter, en se mariant, sur une éventualité aussi éloignée. Du reste, selon le droit commun des coutumes (1), le douaire de la belle-fille, devenue veuve, s'appliquait à la succession de son beau-père, fût-il mort après la dissolution du mariage, pourvu qu'il eût donné son approbation au choix fait par son fils.

Le douaire légal ou préfix pouvait être diminué par le contrat de mariage, mais il était expressément défendu de l'augmenter. La même règle était applicable à la part donnée à la femme dans les meubles et les acquêts (2); sous une législation qui voyait avec défaveur les donations à cause de mariage, la renonciation par la future épouse aux avantages qu'elle tenait de la loi, n'avait rien qui choquât les idées reçues. Elle n'eût pu, au contraire, en stipuler l'augmentation, sans paraître abuser de cet ascendant né de la passsion du mari que notre coutume redoutait constamment.

Le douaire, en Normandie, participait à l'inaliénabilité des immeubles dotaux. En vain la femme eût-elle consenti à la vente des biens de son mari ; lorsqu'elle ne trouvait pas, dans la succession de ce dernier, des valeurs suffisantes pour lui procurer une jouissance équivalente à l'usufruit qui lui était dû, il lui était permis

---

(1) Loisel, *Institutes coutumières*, liv. I, tit. III, r. 3.
(2) *Cout.*, art. 330 et 371.

d'attaquer les tiers détenteurs. Ce recours subsidiaire se donnait également contre les acquéreurs des biens du beau-père, vis-à-vis duquel la veuve obtenait douaire. Soit que le beau-père eût ou non survécu au mari, les ventes qu'il avait faites ne pouvaient équitablement, aux yeux de la coutume, apporter aucun obstacle aux espérances de fortune que la femme avait été naturellement autorisée à concevoir, par suite de l'opulence des parents de son époux.

Le douaire, dans la majorité des autres coutumes, ne s'ouvrait jamais que par la mort du mari. Quelques-unes même refusaient cet effet à la mort civile; de là la maxime de Loisel : *Jamais mari ne paya douaire.* La femme, en Normandie, était traitée plus favorablement; non seulement elle pouvait réclamer son douaire en cas de séparation de corps prononcée sur sa demande; elle avait le même droit dans la supposition d'une simple séparation de biens. On l'admettait, de plus, à exercer immédiatement son usufruit, en l'absence de toute séparation, quand les biens du mari étaient l'objet d'une procédure en expropriation pour dettes contractées par lui postérieurement au mariage. L'expropriation, d'ailleurs, eût-elle été consommée sans opposition, ne pouvait purger le douaire que l'on considérait comme un droit réel né au moment du mariage et s'attachant, dès cet instant, à l'essence des objets destinés à en répondre.

La femme ne perdait pas son douaire par suite d'un second mariage, mais elle en était privée quand elle se conduisait impudiquement dans l'an de deuil, et aussi, lorsque la séparation de corps avait été prononcée par sa faute. L'art. 376 de la coutume la déclarait également indigne d'obtenir cet avantage sur les biens de son mari, *si elle n'était avec lui lors de son décès*, c'est-à-dire pendant la maladie à laquelle il avait succombé. Après l'avoir abandonné dans ses souffrances, elle n'eût pu, en effet, éviter cette punition, en accourant seulement à l'instant suprême pour veiller à ses intérêts particuliers, *imitant en cela*, dit naïvement notre commentateur le plus célèbre (1), *les vautours que l'avidité du carnage appelle auprès des cadavres*.

L'usufruit de la veuve durait naturellement jusqu'à sa mort. Cependant, elle pouvait y renoncer au profit de ses enfants, sans que ses créanciers, bien qu'elle fût insolvable, eussent le droit de s'en plaindre Cette faculté était en parfaite harmonie avec l'esprit de la coutume qui, nous le répétons, subordonnait toujours l'intérêt du crédit général à celui, plus précieux à ses yeux, de la conservation de la splendeur des familles. Aussi l'appliquait-on également au droit de viduité du mari.

§ III. Droit de viduité du mari.

Ce droit correspondait au douaire de la femme; mais il était bien plus étendu, puisqu'il comprenait l'usufruit de la totalité des biens laissés par celle-ci. Pour obtenir cet avantage, il fallait, il est vrai, que le mari eût eu de sa femme au moins un enfant; mais on n'exigeait pas que l'existence de cet enfant se fût prolongée ; il suffisait qu'il fût né viable.

Si la femme s'était mariée plusieurs fois, les enfants

(1) Basnage, sur l'art. 376.

issus d'une première union étaient obligés, comme les autres, de supporter l'usufruit du second mari qui survivait à leur mère. Seulement leur beau-père était tenu de fournir à leurs besoins et de contribuer même, dans une proportion équitable, au mariage des filles. Lorsqu'il voulait s'affranchir de ces obligations, il eût été juste, comme le remarquent les commentateurs, de le contraindre de renoncer entièrement à sa jouissance. Mais la coutume, par son article 384, en avait décidé autrement; le second mari était libéré, en abandonnant aux enfants du premier lit le tiers des revenus de la succession de son épouse.

Le droit de viduité, comme son nom l'indique, était anciennement, pour le mari, un privilége exclusif de l'état de veuvage, et il s'éteignait entièrement en cas de second mariage (1). La coutume réformée s'était montrée plus indulgente; elle se contentait d'enlever au mari remarié les deux tiers de l'usufruit dont il avait joui.

Cette prérogative du mari survivant présentait, on le voit, une analogie assez marquée avec l'usufruit du pécule adventice de ses enfants donné au père de famille par le droit romain. En empêchant presque toujours les enfants de posséder des revenus indépendants, elle devait rendre très-énergique, entre les mains du père, l'exercice du pouvoir paternel. Le droit de viduité, du reste, ne se rencontrait pas dans les autres coutumes; et cela n'a rien qui doive surprendre, puisqu'il ne se rattachait nullement aux lois barbares, origine commune des institutions coutumières. Chez les Francs, en effet, le père avait bien, comme aujourd'hui, l'usufruit légal

---

(1) *Grand Coutumier*, ch. de reufté d'home.

de la fortune de ses enfants mineurs, mais son droit s'arrêtait à leur majorité (1). Il paraît probable que le privilége du mari, sous notre coutume, était une importation des lois saxonnes en vigueur en Angleterre, au moment de l'invasion des Normands. Le droit de viduité, en effet, s'est maintenu chez les Anglais, sous le nom de *courtoisie d'Angleterre*, et les anciens jurisconsultes anglo-normands revendiquent cette institution comme originaire de la Grande-Bretagne (2).

CHAPITRE V.

DES SÉPARATIONS ENTRE ÉPOUX.

La séparation de corps, en Normandie, emportait avec elle la séparation de biens, mais seulement quand elle avait été prononcée sur la demande de la femme. Obtenue, en effet, par le mari, elle n'entraînait pas contre lui l'obligation de restituer la dot. Afin que la femme ne pût tirer parti de sa propre faute, on lui donnait alors le droit de réclamer simplement une pension alimentaire.

La séparation de biens pouvait être stipulée entre les époux, au moment de leur mariage. Elle pouvait aussi être demandée, ultérieurement, par la femme dont la dot était mise en péril. Enfin, elle résultait de plein

---

(1) Pardessus, *Loi salique*, p. 682.
(2) *Les tenures de Littleton*, liv. I, ch. IV, § 35. Cet ouvrage, écrit en langue normande sous Henri VI, dans la seconde moitié du XVe siècle, est resté classique en Angleterre. C'est un précieux tableau de l'organisation de la propriété foncière, telle que l'avait constituée le régime féodal.

droit d'une procédure en expropriation dirigée contre les immeubles du mari.

La séparation de Liens, dans ce dernier cas, et aussi lorsqu'elle accompagnait la séparation de corps, paraissait suffisamment manifestée par la publicité même de l'action dont elle était la suite. Mais, quand elle provenait des conventions matrimoniales, les époux étaient tenus de la faire connaître au public par l'affiche de leur contrat au *tabellionnage* du lieu de leur résidence (1). On appelait de ce nom une salle commune, où les notaires se réunissaient, dans chaque ville, pour recevoir les actes de leur ministère, à cause des dispositions des ordonnances qui exigeaient, à cet effet, la présence de deux d'entre eux. Quant à la séparation de biens obtenue en justice, outre la publication du jugement qui la prononçait, la femme, avant d'en former la demande, devait se faire délivrer en chancellerie des *lettres royaux*, l'intervention du monarque semblant indispensable pour qu'il lui fût permis de chercher ainsi à se soustraire à l'autorité de son époux.

Les usages de la Normandie, on le voit, ne s'écartaient guère du droit commun de l'ancienne France, relativement aux causes et aux formalités de la séparation de biens. Mais ils en différaient infiniment quant à ses résultats, ou plutôt notre province, en cette matière comme en beaucoup d'autres, avait retenu fidèlement les principes primitifs de la législation coutumière, abandonnés ailleurs pour des idées plus conformes aux besoins nouveaux. Quand les séparations entre époux avaient commencé à s'introduire, l'on n'avait pas compris qu'en

(1) Arrêt de règlement du 30 août 1555.

laissant subsister le lien du mariage, la séparation ne devait pas enlever au mari, d'une manière absolue, le droit qu'il tient en quelque sorte de la nature elle-même de veiller aux intérêts pécuniaires de sa femme. Il avait paru plus simple d'appliquer à cette situation complexe les effets du divorce pratiqué de tout temps chez les barbares, et déraciné à grand'peine par les efforts réitérés de l'Eglise. Ce fut seulement lors de la réformation des coutumes, que l'on parvint à concilier, dans la plupart d'entr'elles, l'indépendance relative de la femme séparée avec le maintien de l'autorité maritale toujours existante dans ses conséquences les plus essentielles (1).

La coutume de Normandie s'était refusée à ce changement si conforme pourtant à la nature des choses. La femme séparée de corps, ou même de biens seulement, une fois la séparation admise, jouissait, parmi nous, quant à ses biens, d'une liberté complète. Elle pouvait, sans autorisation, prendre toute espèce d'obligations personnelles, et vendre les immeubles acquis par elle depuis qu'elle était séparée. On avait paru même autrefois lui accorder un droit semblable, relativement à ceux qui avaient fait partie de sa dot; mais les arrêts de règlement du Parlement de Rouen étaient venus, à cet égard, la garantir, au moins partiellement, contre sa propre faiblesse (2). Ils lui avaient permis de revendiquer alors son immeuble vendu, en demeurant toutefois soumise à l'obligation de garantir l'acquéreur sur le reste de sa fortune.

La femme séparée perdait le droit de prendre part,

---

(1) Toullier, *Traité de la puissance du mari*, § 16.
(2) Basnage, sur l'art. 58 de la *Coutume*.

comme héritière, aux meubles du mari, en cas qu'elle vînt à lui survivre. Le mari, au contraire, succédait, à défaut d'enfants, aux objets mobiliers acquis par la femme depuis la séparation (1). C'était sans doute une conséquence éloignée de la propriété immédiate qu'il eût obtenue sur ces objets, si la séparation n'eût pas existé.

DEUXIÈME PARTIE.

DES RELATIONS DE FAMILLE ENTRE LES PARENTS ET LEURS ENFANTS.

Ces relations, dans notre ancienne Coutume, ne pouvaient posséder le caractère équitable qu'elles présentent aujourd'hui sous la législation établie par le Code civil. Nos lois actuelles, en effet, bien qu'elles n'énoncent pas expressément ce principe, partent toujours de l'idée que les rapports juridiques, qui nous occupent en ce moment, ont leur racine dans le droit naturel, dans ce sentiment du juste et du vrai qui, parti d'une source plus haute, vient illuminer l'âme de l'homme. Leur but, loin de les exagérer par une prédilection avouée, est, au contraire, d'atténuer, autant qu'il est possible, les inégalités naturelles qu'il a plu à la Providence d'établir entre les diverses personnes qui composent la famille. Tel n'était pas le point de vue où s'étaient placés les rédacteurs de la Coutume normande. Voulant conserver, avant tout, les institutions particulières à leur province, ils n'avaient songé qu'à reproduire fidèlement les traditions qui avaient régi leurs pères. Deux sources distinctes, les lois barbares et les usages féodaux,

(1) Cout., art. 391.

servaient de points de départ à ces traditions. Mais, malgré les différences importantes que nous aurons à signaler plus tard, ces deux législations arrivaient presque toujours à des résultats semblables. L'esprit de chacune d'elles était profondément aristocratique, puisqu'elles tendaient, avec une sollicitude égale, à maintenir la splendeur des familles, en excluant les filles des successions, en repoussant la faculté de disposer par testament, en s'efforçant, après la mort du père, de grouper le plus long-temps possible les enfants autour d'un centre commun.

Toujours, en effet, au commencement de la civilisation, la législation des nations diverses repose sur l'inégalité et l'abus de la force. C'est au prix de longs efforts que l'humanité peut connaître enfin l'équité véritable et la réaliser dans les lois. De là, entre le droit de Rome ancienne et celui des peuples germaniques qui fut l'origine de notre Coutume, des rapports évidents. Chez les Francs, comme chez les antiques Quirites, le père de famille, chef suprême des siens, gouverne à son gré sa femme, ses enfants, ses serviteurs (1). C'est presque le régime patriarcal, dans lequel le pouvoir du père est le type dont sortira plus tard celui du roi. Pourtant, malgré leur similitude apparente, le *Mundium* germanique est un progrès sensible sur la puissance paternelle du droit romain. Celle-ci est tout entière dans l'intérêt du père, dont la mort seule peut faire cesser le pouvoir. Dans le *Mundium*, au contraire, l'idée dominante est celle de la protection du faible ; l'enfant, devenu homme, échappe à l'autorité paternelle et gouverne, à son tour, la famille nouvelle formée autour de lui.

(1) Tacit., *De mor. Germ.*, cap. XVI.

Bien des traces de la rudesse des premiers Francs, adoucies, dans les autres Coutumes, par l'influence du droit de Justinien, s'étaient maintenues, nous allons le voir, dans celle de la Normandie. Une remarque se présente dès l'abord à l'esprit, lorsqu'on envisage les rapports qu'elle établit entre les parents et leurs enfants. Tant que le père est encore en vie, il possède sur la personne et sur les biens de ceux-ci des pouvoirs infiniment plus étendus qu'aujourd'hui ; mais aussi, dès qu'il meurt, les conséquences de son autorité disparaissent entièrement. Sa fortune passe, de droit, à ses descendants ; une portion légère de son mobilier, chose de peu de valeur à cette époque, est le seul objet qu'il lui soit permis de leur ôter, pour le transmettre à des tiers. Entre ses enfants eux-mêmes, toute distribution de son patrimoine lui est défendue ; il ne peut, en rien, déranger par sa volonté le partage ordonné par la loi. Ce résultat, contradictoire au premier abord, n'a rien qui doive surprendre ; il se retrouve dans toutes les législations aristocratiques et primitives, dans l'ancienne Rome avant les Douze Tables, aussi bien que chez les Germains (1). Etendre le pouvoir du père sur la personne de ses fils, c'est lui donner les moyens de faire ployer la volonté de ceux-ci, dans le but de maintenir la splendeur de sa race. Restreindre, au contraire, dans l'intérêt de l'enfant le droit de propriété du père relativement à sa fortune propre, en assurer d'une manière absolue la transmission à ses descendants, c'est évidemment tendre au même but, la conservation des familles, l'immobilité des positions sociales.

(1) Haeredes tamen successores sui cuique liberi, et nullum testamentum. Tacit., *De mor. Germ.*, cap. XX.

CHAPITRE I.

DROITS DU PÈRE SUR LA PERSONNE DE SES ENFANTS.

Ces droits furent d'abord extrêmement étendus, comme cela a lieu partout, quand la civilisation est encore dans l'enfance. L'ancienne Coutume permet, en effet, au père de maltraiter son fils à l'effet de le châtier (1), de même qu'elle autorise le mari à battre sa femme, pourvu qu'il ne lui brise aucun membre. La coutume réformée avait, bien entendu, passé sous silence ce droit barbare de châtiment corporel, il est même à remarquer qu'elle ne s'occupe nulle part avec détail des conséquences du pouvoir paternel. Cependant, par suite des traditions locales consacrées par la jurisprudence, ce pouvoir était resté très-vigoureux. Nous en avons déjà acquis la preuve, en nous occupant de l'aptitude à contracter mariage. Le père, nous l'avons vu, pouvait, à tout âge, empêcher le mariage de ses enfants, lorsque cette union présentait un caractère peu convenable. Mais, par un contraste facile à comprendre, quand les futurs époux qui demandaient à s'unir étaient assortis par le rang et la naissance, les tribunaux, malgré le refus du père, s'arrogeaient le droit d'autoriser leur mariage, même avant l'âge de la majorité fixée par les ordonnances (2). La volonté toujours présente à la pensée de nos aïeux de

---

(1) Aucun n'est tenu à faire loy pour simple bature qu'il ait fait à son servant, ne à son fils, ne à son neveu, ne à sa fille, ne à aucun que ce soit de sa mesgnie, car l'on doit entendre qu'il le fait pour les chastier. *Grand coutumier de Normandie*, chap. LXXXV, *De simple querèle personnel*.

(2) Basnage, sur l'art. 369 de la Coutume.

préserver les nobles familles de l'extinction et de la décadence, semblait devoir l'emporter alors sur le respect de l'autorité paternelle mieux protégée, en ce point, de nos jours.

Il n'existait pas de règles fixes qui déterminassent avec précision, comme cela a lieu aujourd'hui, les causes en vertu desquelles il serait permis au père de faire incarcérer son fils, et la manière dont cette punition, toujours grave, se trouverait opérée. Permise par la jurisprudence, en vertu de lettres de cachet émanées du monarque, elle participait de l'arbitraire, si contraire à nos idées, qui régissait, à cette époque, la liberté individuelle des citoyens. Non seulement la durée de la détention n'était pas limitée; comme il s'agissait d'une mesure de haute police, et que l'intérêt de la famille semblait s'unir intimement à celui de l'Etat, elle pouvait s'appliquer même à un fils majeur.

Le Code civil, écho de la douceur de nos mœurs, tout en proclamant le père, pendant le mariage, seul dépositaire de la puissance paternelle (art. 373), fait cependant, dès ce moment, participer la mère, autant qu'il est en lui, à l'exercice de cette puissance (art. 148) qu'elle possède en entier après le décès du père (art. 372). Rien de pareil dans l'ancienne Normandie. Cette égalité, aussi grande que possible entre les droits de la mère et ceux du père, n'eût pu être admise sans violer les traditions germaniques; elle est antipathique, en effet, au génie des peuples encore barbares, chez lesquels se rencontre toujours la prépondérance absolue du sexe le plus fort. Chef unique de la famille, le père, pour doter l'enfant commun, avait le droit de disposer du bien de la mère (Cout., art. 258). Cette dernière, devenue veuve, n'acquérait pas, pour cela, l'autorité paternelle. L'art. 237 de la Coutume déclarait, en ce cas, le frère aîné tuteur *naturel et légitime* de ses frères et sœurs encore mineurs. La jurisprudence, il est vrai, toujours attentive aux progrès des sociétés, avait fini par modifier cette antique préférence des frères sur la mère. Dans le dernier état du droit normand, on accordait à celle-ci, même en leur présence, le droit de réclamer la tutelle, en donnant caution ; mais elle obtenait seulement, à ce moyen, les pouvoirs d'un tuteur ordinaire. « Parmi nous, dit Basnage (sur l'article 266), le mariage de la fille ne dépend pas seulement de la volonté de la mère ou du tuteur ; on fait une assemblée de six parents paternels et de six parents maternels, et le mariage s'achève ou se rompt, selon le plus grand nombre des voix. » Ainsi, pour nos aïeux, l'orgueil de la famille réunie semblait mieux protéger le mineur que la tendresse de la mère contre les suites si funestes à leurs yeux d'une alliance inégale. Quant à la mère naturelle, elle n'exerçait aucune autorité sur ses enfants, et n'était pas appelée à consentir à leur mariage.

La majorité, comme aujourd'hui, mettait fin, en Normandie, à la puissance paternelle. Elle était accomplie à vingt ans, sans distinction de sexe. Les autres Coutumes, en général, ne la faisaient arriver qu'à vingt-cinq. La nôtre, sans doute, en adoptant un âge moins avancé, avait respecté les souvenirs germaniques favorables à la majorité hâtive (1). Fidèle aux principes véri-

---

(1) D'après M. Pardessus, *Loi salique*, p. 452, la majorité était fixée à douze ans chez les Francs Saliens, et, chez les Ripuaires, à

tables, la jurisprudence de la province voyait dans l'âge de la majorité un statut personnel réglant la capacité des citoyens nés parmi nous, quel que fût le lieu de la situation de leurs biens. Au Parlement de Paris, au contraire, on affectait de considérer la majorité normande comme une sorte d'émancipation locale, dont l'influence ne devait pas dépasser les limites de la Coutume qui la prononçait (1).

Long-temps, dans l'ancienne Normandie, même après l'introduction des registres de l'état civil, on avait conservé l'antique usage que le mineur, parvenu à l'âge de vingt ans, se fît délivrer en justice des lettres dites *de passé âge*, destinées à constater ce fait. Jusque là, on n'eût pas considéré le nouveau majeur comme ayant une capacité complète à l'effet de disposer de ses biens. La formalité des lettres *de passé âge* avait, d'ailleurs, sa place utile dans la constitution aristocratique de la famille de ce temps. La demande du jeune homme servait de signal à ses parents, s'il s'était déjà montré prodigue, pour provoquer contre lui, soit la mise en interdiction, soit la dation d'un Conseil judiciaire, mesures beaucoup plus favorables que maintenant, à une époque où l'on attachait tant de prix à la conservation des fortunes. Cependant, dans le courant du dernier siècle, il paraît que les lettres *de passé âge* avaient fini par tomber en désuétude (2).

quinze ans. Mais, chez les Francs, l'enfant, bien que majeur, acquérait pour son père, tant qu'il continuait de demeurer avec lui. Cette dernière règle se rencontrait également dans l'ancien droit normand.

(1) Huard, *Dictionnaire du droit normand*, v°. Majorité.

(2) La Coutume elle-même (art 224) exige la signification des lettres de *passé âge*, pour faire finir la garde seigneuriale.

L'autorité du père cessait également par l'émancipation. On obtenait l'émancipation par des lettres du prince vérifiées, d'abord par la famille, puis ensuite par la justice. Les femmes n'étaient point admises à solliciter de semblables lettres; aussi, la jeune fille mariée avant vingt ans n'était pas véritablement émancipée; elle passait seulement du pouvoir de son père sous l'autorité non moins forte de son mari. Quant à celui-ci, lorsqu'il était mineur, le mariage lui conférait de plein droit le bénéfice de l'émancipation, sans qu'il fût nécessaire, comme cela avait lieu au XIIIe. siècle, qu'il abandonnât le domicile de son père.

L'autorité paternelle s'étendait sur les enfants légitimés par le mariage subséquent de leurs parents; mais on n'attribuait pas les mêmes effets à un autre mode de légitimation introduit dans l'ancienne jurisprudence par imitation du droit romain, et s'opérant par un édit du roi. Pour que la légitimation, dans ce cas, pût effacer complètement le vice de la naissance de l'enfant, il était nécessaire, du moins en Normandie, qu'elle fût approuvée unanimement par les parents du père réunis en assemblée de famille. Faute de cette approbation, le rescrit du prince produisait seulement des effets politiques, en rendant le bâtard apte à exercer toute espèce d'emploi. Il n'en restait pas moins incapable de recueillir aucune succession, au préjudice d'une famille qui ne l'avait pas librement adopté. (Cout., art 275.)

La filiation des enfants naturels ne se prouvait pas, comme aujourd'hui, par des actes de reconnaissance formels. La possession d'état; tel était le mode général de l'établir, aussi bien dans l'intérêt de l'enfant que contre lui, aussi bien relativement à la mère que vis-à-vis du père, Notre Coutume, du reste, toujours si soucieuse de conserver aux familles les biens de chacun de leurs membres, n'attribuait aux enfants naturels aucun droit de succession sur la fortune de leurs parents, et les libéralités permises à ceux-ci en leur faveur étaient extrêmement restreintes. Les art. 426 et 427 interdisaient au père de donner ou de léguer aucune part de ses immeubles à son *bâtard avoué*. Il pouvait seulement lui transporter, par l'une ou l'autre voie, une portion de son mobilier égale à celle qu'un étranger aurait eu capacité de recevoir.

CHAPITRE II.

DROITS DES PÈRE ET MÈRE SUR LES BIENS DE LEURS ENFANTS.

Dans les anciennes Coutumes, au moins depuis leur réformation, les droits des parents sur les biens de leurs enfants pendant la vie de ceux-ci étaient, en général, peu étendus. Non seulement le père n'acquérait pas, comme en droit romain, les objets qui tombaient dans la propriété du fils en puissance, il n'en avait pas ordinairement l'usufruit légal. Pour cela, en effet, il fallait qu'il pût jouir du droit de garde réservé le plus souvent au profit exclusif des nobles. Mais le droit de garde n'existait pas en Normandie, où plutôt, retenant fidèlement sa physionomie primitive, il n'avait jamais cessé d'appartenir au seigneur féodal à l'exclusion des parents de l'enfant. Il en résultait pour le père l'obligation de tenir compte à ses enfants mineurs des revenus de ceux-ci qu'il n'avait pas employés à leur entretien. Hâtons-nous de le remarquer, pourtant, cette absence d'usufruit légal existant de plein droit était amplement compensée, dans l'intérêt du père, par le droit de viduité dont nous avons parlé avec détail, en vertu duquel il jouissait, pendant sa vie entière, des biens composant la succession de sa femme défunte, source habituellement la plus féconde de la fortune de ses enfants. La mère également, obtenait un dédommagement semblable au moyen de son douaire, sur les biens du mari. Ce douaire, il est vrai, n'était que du tiers ; mais il devait presque toujours lui être aussi profitable que le droit de viduité du mari ; car le résultat des lois de succession reçues parmi nous ne pouvait manquer de rendre la fortune des hommes infiniment plus considérable que celle des femmes. La jouissance du père et de la mère, continuée pendant toute leur vie, même après la majorité des enfants, avait cet avantage précieux dans une législation aristocratique, d'offrir à la famille un centre commun, et de prévenir ainsi sa dispersion rapide, fruit presque infaillible de notre système actuel de partage des successions.

Le père, tant que l'enfant était mineur, avait l'administration légale de ses biens, pour ceux-là même dont il n'obtenait pas la faculté de jouir. Il devait, dans sa gestion, se conformer en général aux obligations imposées aux tuteurs. Certains actes pourtant lui étaient permis en dehors des conditions ordinaires de la tutelle; tel était notamment l'exercice d'un retrait lignager intéressant l'enfant. Primitivement du reste, à l'époque où l'on avait commencé à rédiger par écrit les coutumes normandes, les droits du père étaient plus étendus que ceux que nous venons de décrire; tous les meubles acquis par ses enfants avant qu'ils fussent majeurs devenaient sa propriété (1). Dans ces temps reculés, on le sait, les

---

(1) Glose ancienne du *Grand Coutumier de Normandie*, chap. XV. De monéage.

meubles étaient toujours envisagés comme chose vile ; puis, déjà nous l'avons observé, la rareté des preuves écrites ne permettait pas de dresser des inventaires et de distinguer ainsi le mobilier de deux personnes habitant en commun.

Quand l'enfant venait à mourir avant ceux dont il tenait la vie, ses parents étaient capables de lui succéder; mais la succession des ascendants, comme toutes les autres, ne se rattachait pas, en Normandie, à la raison naturelle et aux affections présumées du défunt. « Père et mère, dit l'art. 241 de la coutume, aïeul ou aïeule, ou autre ascendant, tant qu'il y a aucun descendu de lui vivant, ne peut succéder à l'un de ses enfants. » Ainsi, dans chaque souche de parenté, l'ascendant vient le dernier de cette souche; on ne remonte à lui qu'après avoir épuisé tous les degrés inférieurs. Le frère et le neveu précèdent le père, l'oncle et le cousin germain viennent avant l'aïeul ; mais le père, à son tour, passe avant l'oncle, le grand-père avant le grand-oncle ou ses descendants. Cet ordre établi par la Coutume était, du reste, inflexible. La succession privilégiée de l'ascendant donateur n'existait pas parmi nous.

C'est dans le droit féodal que se trouve l'origine du peu de faveur accordée aux ascendants, sous le point de vue qui fait, en ce moment, l'objet de notre étude. Chaque fief ou bénéfice était un démembrement de la souveraineté territoriale dont il faisait partie, à charge pour le vassal qui le recevait de fidélité envers son suzerain et surtout de service militaire. Quelque temps, on le sait, ces relations furent toutes personnelles ; après la mort du vassal, le fief, au moins selon le droit, faisait retour au seigneur dominant. Bientôt pourtant les fiefs devinrent héréditaires ; ce fut une conséquence inévitable de cette loi générale de l'humanité qui rend les générations solidaires les unes des autres, en appelant les enfants à posséder la terre qu'ont cultivée leurs parents. Cependant, on ne voulut pas que cette hérédité pût nuire au suzerain, en lui donnant pour vassal un homme courbé sous le poids des ans et impropre dès lors au service de la guerre. De là l'antique maxime coutumière : *les propres ne remontent pas*, transportée facilement à toutes les terres sans distinction, à une époque où la tenure féodale était devenue la forme à la fois la plus générale et la plus favorisée de la propriété foncière.

Long-temps l'exclusion des ascendants de la succession des fiefs fut absolue. « *Successionis feudi talis est natura quod ascendentes non succedant* », telle est la règle consacrée par le livre des fiefs (1). Le père ne recueille pas le fief, même à défaut d'enfants et de frères; on lui préfère les *patrueles* ou cousins, aptes eux aussi, à raison de leur âge, à prendre les armes pour leur seigneur. Chez les Anglais, toujours si fidèles aux coutumes de leurs ayeux, Littleton, trois siècles plus tard, nous montre le père exclu du fief de son fils défunt par son propre frère (ch. 1, § 3), disposition peu rationnelle assurément, puisque l'oncle, par suite de son âge, ne peut d'ordinaire être un vassal plus utile que le père plus rapproché que lui par le lien du sang. Blackstone, du reste, nous apprend qu'aujourd'hui encore les ascendants sont absolument incapables, en Angleterre, de recueillir l'héritage de leur fils décédé.

De bonne heure, en Normandie, cette sévérité outrée

---

(1) Lib. II, tit. L, *De natura successionis feudi*.

avait reçu les modifications que l'équité commandait. Le système de succession des ascendants établi par la Coutume réformée se trouve déjà dans le grand Coutumier du XIII°. siècle (1). Mais, comme on le voit, la préférence des frères et neveux sur les père et mère n'admettait jamais d'exception. Les autres coutumes, au contraire, moins soucieuses d'observer les traditions antiques, plus sujettes que la nôtre aux influences du droit romain, faisaient passer le père et la mère avant tous les autres héritiers, pour la succession des meubles et des acquêts laissés par leurs enfants. Conservée, il est vrai, quant aux biens propres, la maxime que *les propres ne remontent pas* avait fini par devenir illusoire, puisqu'on admettait, à l'exemple des lois romaines, la succession privilégiée de l'ascendant donateur. Le sens de cette règle antique n'était plus uniquement que d'exclure l'ascendant des biens provenus d'une ligne opposée à la sienne (2). Encore était-il apte à recueillir l'hédérité entière, à défaut de parents, quels qu'ils fussent, existant dans cette ligne ; autre modification équitable des anciens usages des fiefs que la Coutume de Normandie avait toujours rejetée.

Les ascendants, ainsi placés dans chaque parentèle après leurs propres descendants, mais avant les autres collatéraux, ne formaient pas, dans notre Coutume, comme dans celle de Paris et sous le Code civil, un ordre d'héritiers à part. Aussi ne contenait-elle aucun chapitre qui leur fût particulier. Les règles qui concernaient leur succession se trouvaient confondues avec celles des suc-

(1) Chap. XXV, *De eschéance.*
(2) Pothier, *Traité des successions*, chap. II, sect. II.

cessions collatérales. Les biens propres laissés par l'enfant, nous venons de le dire, ne pouvaient jamais être dévolus à l'ascendant qui n'aurait pas appartenu à la ligne dont ils provenaient. Pour les meubles et les acquêts qui, selon l'expression usitée autrefois, *ne tenaient ni côté ni ligne*, ils étaient attribués indistinctement, à défaut de collatéraux descendus de lui, à l'ascendant le plus proche. Seulement, en ce qui les concernait, il fallait toujours tenir compte de la préférence du sexe masculin et de la ligne paternelle sur la ligne et le sexe opposés.

Je me contente d'indiquer ici, en passant, ce double privilège dont l'origine et les conséquences viendront bientôt sous nos yeux avec plus de détails.

CHAPITRE III.

DROITS DES ENFANTS SUR LES BIENS DE LEURS PARENTS.

Ces droits, nous le savons déjà, avaient un caractère de stabilité qu'ils ne possèdent plus aujourd'hui au même degré. La faculté donnée aux ascendants, à l'effet de transmettre à des tiers leur fortune par des dispositions à titre gratuit, était réduite par la Coutume à des proportions très-restreintes. Dans notre société, profondément remuée par la démocratie, tous les pouvoirs ont perdu leur prestige ; l'autorité sacrée des parents elle-même, pour se maintenir intacte et respectée, nous semble avoir besoin de garanties efficaces. Il faut armer le père contre l'ingratitude possible de ses enfants, en lui accordant le droit de récompenser et de punir par la distribution qu'il fera de ses biens. Cette nécessité n'avait pas frappé nos aïeux. La majesté du pouvoir paternel leur semblait suffisamment protégée par la voix de nature, par les habitudes graves et sévères que les traditions antiques maintenaient au sein des familles.

De là, cette règle du droit normand, par suite de laquelle il était défendu au père ou à la mère d'avantager en aucune manière un de leurs enfants au détriment des autres (Cout., art. 434). On n'avait pas voulu qu'une volonté particulière, toujours suspecte d'arbitraire, vînt déranger les prévisions de la loi. Les legs conférés à l'un des enfants étaient dès lors déclarés nuls ; quant aux donations entre-vifs, elles étaient validées, il est vrai, mais seulement comme avancement d'hoirie rapportable par le donataire à la succession de l'ascendant dont elles émanaient, alors même que cette succession aurait été répudiée par l'enfant avantagé. On le voit, malgré la différence des civilisations et des époques, cette interdiction de toute libéralité testamentaire aux héritiers présomptifs du disposant, ce retour forcé des biens donnés à la masse commune, reposent sur la même idée qui, dans l'ancien droit romain, avait fait introduire la succession des héritiers siens. Cette idée fondamentale que l'on retrouve à Athènes et dans la Germanie, c'est que le patrimoine de la famille forme un tout unique substitué par la loi au profit des générations qui la composent. Dépositaires de cette fortune pendant leur vie, les parents en doivent compte, à leur mort, à ceux auxquels ils ont donné le jour et transmis par là un droit immédiat sur leurs biens. La crainte que la défense d'avantager l'un des enfants ne pût être éludée était poussée très-loin parmi nous. Lorsqu'un enfant avait reçu en mariage, de ses parents, la promesse d'une pension, l'art. 95 des Placités ne lui permettait de réclamer, après leur décès, qu'une année d'arrérages, en supposant que plusieurs restassent dues.

Primitivement, sans aucun doute, en Normandie, toute libéralité était également défendue aux ascendants vis-à-vis des étrangers, si ce n'est pour les meubles que l'on regardait alors comme trop peu importants pour que les lois veillassent sur eux avec un soin jaloux. Cette différence complète entre les meubles et les immeubles avait laissé des traces après elle, bien qu'elle se fût adoucie avec le temps. Un père de famille, d'après la Coutume, pouvait léguer à un étranger le tiers de tous ses meubles. Le légataire était même capable de recevoir le mobilier entier, si le testateur n'avait que des filles déjà mariées à l'époque de son décès. Rien, dans les textes, ne limitait les donations de meubles faites par un homme ayant des enfants, et le sens naturel de ce silence était assurément la faculté absolue de donner entre-vifs le mobilier, conformément aux traditions anciennes. Cependant, quand les progrès de la civilisation eurent attribué aux valeurs mobilières une importance toute nouvelle, la jurisprudence vint restreindre cette latitude trop grande, et l'on trouva convenable d'appliquer aux donations de meubles les limites établies par la Coutume pour les libéralités testamentaires d'objets du même genre.

Relativement aux immeubles possédés par l'ascendant, l'interdiction primitive du droit de testament était restée entière. L'homme ayant des enfants ne pouvait léguer à des tiers aucune portion de ses acquêts ou de ses propres. C'est là une nouvelle preuve du respect de notre Coutume pour les origines germaniques, si fréquemment effacées dans les autres par l'influence prépondérante des lois romaines. Mais les donations d'immeubles n'étaient pas également interdites au père de famille. Quel que fût le nombre de ses enfants, il lui était permis de disposer de cette manière envers des étrangers du tiers de tous ses biens. Divers motifs expliquent cette indulgence de la Coutume pour les donations entre-vifs. L'emploi de cette forme de libéralité devait être moins fréquent, par cela qu'elle désaisit immédiatement celui dont elle émane. Long-temps d'ailleurs, dans l'ancienne Normandie, la vente ou la donation des immeubles engagés dans les liens du régime féodal avait eu besoin, pour être valable, de l'autorisation du seigneur dominant (1). Or, ce seigneur était, pour la famille du donateur, un protecteur naturel, puisqu'il avait un intérêt évident à maintenir entre ses vassaux et lui ces relations héréditaires qui constituaient la force et la dignité de la suzeraineté féodale.

En présence d'une législation qui consacrait ainsi au profit des enfants une sorte de copropriété sur la fortune de leurs parents, il semblerait naturel de supposer que l'acceptation de la succession paternelle eût été présumée, comme elle l'est aujourd'hui tant qu'un acte formel de renonciation n'est pas intervenu. Il en était pourtant différemment. L'acceptation d'une succession ne se présumait jamais, et l'héritier, par suite, quel qu'il fût,

(1) Aucun ne peut vendre ne engager, si ce n'est du consentement du seigneur, la terre qu'il tient de lui par homage. *Grand coutumier de Normandie*, chap. XXIX, *De teneure par homage*. — Ex eadem lege descendit quod dominus sine voluntate vasalli fundum alienare non potest. Similiter nec vasallus fundum sine voluntate domini alienabit. *Lib. feud.*, lib. II, tit. XXXIV.

n'avait pas besoin de renoncer pour échapper aux poursuites des créanciers héréditaires. Cette règle, qui n'empêchait pas l'habile à succéder d'être saisi de plein droit, existait dans la majorité des Coutumes (1); elle avait sa source dans les anciens usages des Francs. La saisine germanique, en effet, étant établie tout entière dans l'intérêt des enfants, il avait paru contraire à la raison qu'elle pût leur nuire, en les plaçant dans la succession de leurs parents sans une manifestation expresse de leur volonté. Dans le droit romain, au contraire, où la *suite* avait pour but principal l'avantage du chef de la famille, cet inconvénient n'avait pu frapper les esprits. La faculté de renoncer pour le fils en puissance fut même une concession prétorienne contraire au droit primitif. C'est donc aux lois romaines et non aux Coutumes qu'il faut rapporter la disposition de l'art. 784 de notre Code actuel : « La renonciation ne se présume pas. »

§ 1. Mode de succession des fils à leurs parents.

L'égalité de partage entre tous les fils relativement à la succession de leurs parents, telle était la règle commune, aussi bien dans la Normandie que dans les autres pays de Coutumes. Le droit de primogéniture en faveur de l'aîné formait, à vrai dire, une exception, puisqu'il ne s'exerçait que sur les biens nobles. Les terres de franc aleu non nobles, ne relevant d'aucun seigneur ne possédant elles-mêmes aucuns droits seigneuriaux, les rotures, les censives, concessions féodales, il est vrai,

---

(1) Merlin, *Répertoire*, v°. *Abstension*. L'héritier présomptif, encore qu'il n'ait pas renoncé à la succession, n'est pas censé héritier, s'il n'en a fait acte ou pris la qualité. *Placités de Normandie*, art. 43.

mais tenues sans foi ni hommage, à charge de redevances pécuniaires ou de services manuels (1), se partageaient également entre les différents fils d'un même père.

Malgré la faveur de nos Coutumes pour les institutions qui tendaient à conserver intacte la splendeur des familles, leur origine explique aisément pourquoi elles ne généralisaient pas les droits de l'aînesse sur tous les fonds de terre soumis à leur empire. Les Coutumes, en effet, bien qu'une obscurité très-grande préside à leur naissance, se rattachaient primitivement, en grande partie du moins, aux usages apportés par les Francs des forêts de la Germanie. Or, la succession égale des fils formait dans les lois franques une règle absolue. Les filles étaient exclues de la terre des aïeux ; elles passaient par le mariage dans une famille étrangère; leur sexe, d'ailleurs, les empêchait de prendre les armes pour la protection de la famille, et de participer ainsi à cette solidarité de défense mutuelle dont les droits de succession étaient une récompense. Mais ce motif-là même militait en faveur des fils, quel que fût l'ordre de leur naissance, puisqu'ils étaient tous également appelés à risquer leur vie dans les combats pour la sûreté de leurs parents et l'avantage

---

(1) La nature et le rôle de cette espèce de biens, dans le système d'organisation sociale créé par la féodalité, nous semblent heureusement exprimés par Littleton, qui les appelle *fiefs vilains*. Ils forment l'élément utilitaire du régime féodal : ils entretiennent l'abondance dans le château seigneurial, tandis que les services du fief noble assurent au suzerain des compagnons dévoués, dont le bras et le conseil peuvent, en toute occasion, être réclamés par lui. La loi commune de l'Angleterre, plus féodale encore que nos Coutumes, fait tomber les fiefs vilains eux-mêmes sous l'empire du droit de primogéniture. Blackstone, liv, 1, chap. xiv.

de leur patrie. Cette absence de privilége accordé aux aînés avait pénétré si avant dans les mœurs des Francs, qu'elle s'appliqua, on le sait, pendant plus de trois siècles même à la succession des monarchies nouvelles fondées par les conquérants sur les ruines de l'empire romain envahi. Le royaume de France, pour nous renfermer dans notre histoire, ne cessa de se partager que vers la fin de la seconde race de nos rois, lorsque la féodalité s'était établie en souveraine sur toute l'étendue du territoire. La coutume féodale, favorable aux aînés, fut appliquée à la couronne, que l'on considéra comme le plus noble et le plus dominant des fiefs.

Le droit de primogéniture, en effet, était une conséquence inévitable de cette hiérarchie successive de services et de devoirs attachés à la possession du sol, par laquelle on avait essayé, alors, de remédier à la disparition du pouvoir central, presque anéanti au milieu des désordres de ces temps malheureux. Si l'on avait continué de partager le fief entre les différents fils du seigneur qui l'avait obtenu, la division incessante de ces petites souverainetés eût amené une confusion complète dans les rapports des suzerains avec leurs vassaux. Pour que la prestation des devoirs féodaux fût assurée, il fallait éviter qu'elle vînt à se fractionner avec les portions du territoire dont elle était le prix. De là, la maxime de l'indivisibilité des fiefs, et la prééminence de l'aîné sur ses frères. Ce fut à lui, comme chef de la famille, qu'il appartint de posséder le domaine occupé par ses pères, et d'entretenir ces relations de fidélité héréditaire, qui formaient le caractère distinctif du régime féodal.

Cependant, quand le même seigneur réunissait dans ses mains plusieurs fiefs, on pouvait les répartir sur la tête de chacun des enfants sans inconvénient pour le suzerain. Bien plus, le service de chaque fief devait paraître d'autant mieux assuré qu'il devenait l'unique préoccupation du vassal auquel il était confié. Aussi, dans le cas qui nous occupe, les assises de Jérusalem, écho le plus pur des usages féodaux, veulent-elles que chaque enfant obtienne un fief distinct. Le privilége de l'aîné consiste alors à choisir celui d'entre eux qu'il préfère (1).

Notre Coutume de Normandie, même après sa réformation, avait conservé ce système de partage, qui conciliait dans une juste mesure la loi comparativement nouvelle de la féodalité avec la règle plus ancienne du partage égal entre tous les fils. A la mort du père commun, d'après son texte, l'aîné est saisi de la succession entière. S'il n'existe qu'un fief, il le garde pour lui seul ; les puînés sont apanagés sur les rotures. Ils reçoivent une pension à vie affectée sur le fief, quand il ne s'en trouve pas, et cette pension, quel que soit le nombre des puînés, ne doit jamais dépasser le tiers du revenu du fief. Mais, lorsqu'il y a différents fiefs dans la même succession, chacun des fils, à commencer par l'aîné, a le droit d'en choisir un. Les fiefs non choisis et les biens roturiers sont ensuite divisés également. Bien plus, s'il y a moins de fiefs que d'enfants mâles, ceux d'entre eux qui, à raison de leur âge, ont obtenu un fief, deviennent étrangers au reste du patrimoine. Il est absolument attribué aux puînés, moins pourtant les meubles, dont les aînés ne sont pas exclus. Enfin, dans les successions composées entièrement de rotures, l'aîné n'a pas de préciput ;

---

(1) *Assise des Barons*, chap. CXLVIII.

il peut demander seulement que l'on mette dans son lot, mais moyennant estimation, le manoir de la famille situé aux champs. Il est à remarquer que le même privilége n'eût pas existé pour l'hôtel du citadin opulent. C'était, dans notre Coutume, un vestige curieux de cette prédominance des campagnes sur les villes que la féodalité avait introduite avec elle (1).

La représentation, en Normandie, était admise en ligne directe sans aucunes limites ; les droits de l'aînesse étaient attachés à la lignée de l'aîné et non à sa personne. Sa fille, par suite, s'il mourait le premier sans laisser de fils, héritait de tous les priviléges de son père, au détriment de ses oncles. L'esprit de famille et le désir de la stabilité des positions sociales l'avaient emporté, en ce point, sur le droit véritable des fiefs, qui s'opposait à l'appel des femmes à ce genre de propriété entraînant avec lui des obligations incompatibles avec la destinée du sexe le plus faible (2). Aussi le Grand Coutumier de Normandie du XIIIe. siècle semble-t-il restreindre aux petits-fils la faculté de représenter leur père décédé, en présence de fils encore en vie (3). Mais ce vieux monument des institutions de notre province proclame ce droit des petits-fils comme l'ancienne et véritable coutume de la Normandie, encore qu'il eût semblé quelque temps suspendu parmi nous par l'influence de l'usurpation du roi Jean-Sans-Terre sur Arthur son ne-

---

(1) *Coutume de Normandie*, art. 356.

(2) Proles enim feminei sexus vel ex femineo sexu descendens ad hujusmodi successionem aspirare non potest. *Const. feud.*, lib. II, tit. XI.

(3) Le fils à l'aisné doit toujours avoir le droit à l'aisnesse. Chap. XXV, *De eschéance*.

veu (1). De tout temps, on le voit, la représentation, long-temps inconnue à Paris (2), avait existé chez nos aïeux. Quand les petits enfants venaient par ce moyen à la succession de l'aïeul décédé, chaque branche obtenait les droits qu'eût exercés le fils dont elle sortait; puis ces droits se subdivisaient entre les membres de la branche, en tenant compte de la prérogative du plus âgé d'entre eux. Les enfants de l'aîné, par exemple, prenaient le fief le plus important de la succession de l'aïeul; mais ce fief ne se partageait pas. L'aîné des petits-fils l'obtenait seul, sauf à faire une pension à ses frères, égale, comme d'habitude, au tiers du revenu.

Les avantages attachés à l'aînesse s'exerçaient à la fois sur la succession du père et sur celle de la mère. Pour cela, cependant, il fallait que l'option du fief dans la première échue des deux successions eût précédé l'époque où la seconde était venue à s'ouvrir. C'était, en effet, une règle absolue de notre droit, que les successions des père et mère étaient confondues ensemble et réputées n'en plus faire qu'une seule, quand elles se trouvaient l'une et l'autre indivises à la fois (Cout., art 347).

L'exercice du droit de primogéniture, on le voit, possédait dans la Coutume normande un caractère singulièrement original et primitif. Ce qu'elle se proposait, en établissant la prérogative sanctionnée par elle, c'était de maintenir l'indivisibilité des fiefs, comme si les services dus par ceux-ci eussent conservé, au XVIe siècle,

(1) Chap. xcix, *De brief de prochaineté de ancesseur.*
(2) Jean Desmares, décision 238. La représentation, favorable à la conservation des fortunes, était vue avec tant de faveur en Normandie, que l'on permettait de représenter même les personnes vivantes ayant renoncé à la succession, contrairement au droit commun des Coutumes.

l'importance qu'ils avaient au XII°., quand nos ducs guerroyaient avec tant de gloire à la tête de leurs vassaux. Les autres Coutumes, au contraire, oubliant l'antique destination des fiefs, n'y avaient plus aperçu qu'un mode de propriété privilégiée. Le droit d'aînesse était uniquement destiné par elles à conserver la splendeur des familles, en assurant l'opulence de leur chef. L'aîné, avant tout partage, obtenait, à titre de préciput, outre le principal manoir avec vol du chapon (1), les deux tiers ou la moitié de la succession paternelle. Ce préciput, nous l'avons dit, ne se prenait que sur les biens nobles. Mais on ne s'inquiétait pas, en l'opérant, s'il fallait ou non diviser les fiefs soumis d'ailleurs, après le prélèvement de l'aîné, à un partage ultérieur entre tous les fils, dans lequel l'aîné lui-même avait part.

En Normandie, du reste, comme dans tous les pays de Coutumes, le privilège de l'aînesse n'était pas attaché à la personne, mais à la terre. La succession du roturier possédant des biens nobles se partageait noblement; celle du gentilhomme privé de fiefs était régie, au contraire, par le droit des bourgeois. Cette assimilation de l'homme à la terre était dans le génie de la féodalité; l'esprit démocratique, toujours vivace en France, l'avait mise à profit pour faire arriver la classe moyenne à l'influence politique et sociale, en lui permettant d'aspirer, par la richesse, à presque tous les avantages de la naissance (2).

(1) On appelait de ce nom un espace de terrain environnant de tous côtés l'habitation de la famille, et analogue à celui qu'un chapon pouvait parcourir en volant. L'usage fixait d'ordinaire cet espace à un arpent. Pothier, *Traité des successions*, chapitre deuxième.

(2) Jusqu'à l'édit de Henri III, de 1579, l'acquisition d'un fief anoblissait de plein droit. Depuis ce temps, le roturier, propriétaire d'un fief,

§ 2. Droits des filles sur la succession de leurs père et mère.

Le droit des Barbares et celui des fiefs s'accordaient, nous l'avons vu, pour exclure les femmes des successions, comme impropres au service des armes. Cette exclusion, dans chacune des deux législations, fut d'abord absolue; le collatéral, issu de la ligne agnatique, l'emportait sur la fille (1). Cependant elles se départirent l'une et l'autre assez promptement d'une sévérité aussi grande. Les diverses lois germaniques, rédigées sous Charlemagne, appellent les filles à défaut de fils; la loi salique seule conserva en partie l'ancienne rigueur. La Coutume universelle des fiefs finit aussi par accorder aux filles une faveur semblable. La succession de la couronne et celle des pairies les plus importantes leur demeurèrent, il est vrai, interdites en France; mais, pour les fiefs ordinaires, on admit les femmes à l'hérédité, s'il n'existait pas de mâles du même degré qu'elles. Leur mari, ou même un tiers en leur nom, dut suivre à la guerre le seigneur dominant, et accomplir, à ce moyen, pour elles, les devoirs attachés à la possession du fief.

Cette modification favorable aux femmes, qui laissait subsister, au moins relativement, leur incapacité de recueillir des fiefs, fut elle-même adoucie dans la plupart des Coutumes, lors de leur rédaction définitive. Imbues des idées d'équité que l'étude des lois romaines avait

ne devenait pas noble, bien qu'on lui reconnût le droit d'ajouter à son nom celui du fief qu'il possédait. Il devait même payer au roi un impôt léger, comme compensation du service de ban et d'arrière-ban auquel il n'était pas astreint.

(1) M. Pardessus, *Loi salique*, p. 697.

rendues populaires, elles n'appelèrent, à leur détriment, les mâles du même degré que dans la ligne collatérale, là où le lien du sang étant moins fort, les exigences du droit civil semblaient mériter plus de faveur. Pour les successions directes, elles assimilèrent, en général, les filles aux puînés, et leur donnèrent, par suite, part sur les fiefs dans une certaine limite (1). La jurisprudence, néanmoins, validait les renonciations qu'elles auraient faites, en se mariant, à la succession paternelle, moyennant une dot afférente à leur légitime. Ces renonciations devinrent même très-fréquentes. Injustes à nos yeux, elles paraissaient utiles et convenables, dans une époque où l'on attachait tant de prix à tout ce qui pouvait contribuer à maintenir intacte la splendeur des familles.

Les renonciations des filles n'étaient pas connues en Normandie. C'est qu'en effet, dans cette matière encore, notre Coutume avait répudié les inspirations du droit romain pour s'attacher entièrement aux origines germaniques et féodales. Les femmes, parmi nous, dans les successions de toute espèce n'étaient pas héritières, si ce n'est à défaut de mâles au même degré. Cette règle, d'ailleurs, n'était pas, comme le droit d'aînesse, particulière aux terres nobles; elle s'étendait indistinctement sur tous les biens composant la succession. En ligne collatérale, la fille exclue par ses frères n'avait aucune indemnité à prétendre; c'était pour les fils une libéralité de la fortune, et la nécessité de l'établissement de leur sœur ne commandait pas impérieusement d'y associer celle-ci. Mais, dans la ligne directe, il ne pouvait en être de même, du moins d'une manière absolue. La

---

(1) Pothier, *Traité des successions*, chap, 1, § 3.

destinée faite à la femme par la Providence étant le mariage, on avait dû, sous peine de se rendre coupable à son égard d'une injustice extrême, ne pas lui refuser une dot souvent nécessaire pour qu'elle pût trouver un époux. Cette dot, que la Coutume désignait sous le nom de *mariage avenant*, formait, en sa faveur, une créance réelle affectée sur la fortune du père; elle remplaçait la part héréditaire dont la fille était dépouillée à raison de son sexe.

Le prélèvement de la dot, toutefois, ne s'exerçait pas indistinctement en toute occurrence. Pour que la fille pût réclamer son mariage avenant, il fallait qu'elle ne fût pas encore mariée au moment où la succession paternelle venait à s'ouvrir. « Le père, dit l'art. 250 de la Coutume, peut marier sa fille de meuble sans héritage ou d'héritage sans meuble, et si rien ne lui fut promis lors de son mariage, rien n'aura. » Cette disposition, qui nous semble si dure, était pourtant la conséquence inévitable du point de vue où s'était placée la législation normande. Dès-là que le but unique de la créance de la sœur vis-à-vis de ses frères relativement à la fortune de leurs parents, est de lui donner les moyens de contracter une alliance honorable, toute demande de sa part devient superflue quand cet établissement lui est acquis. La tendresse présumée du père, le respect dû à son caractère sacré, ne permettent pas de supposer que sa fille ait été mariée par lui d'une manière inconvenante. L'exiguité de la dot que la fille a reçue est une sorte de mystère domestique dont il serait téméraire à la justice de sonder les secrets. L'exclusion prononcée par la Coutume, remarquons-le en outre, est alors définitive et complète. Elle s'étend à la succession maternelle qui, elle aussi, sera dispensée de fournir une dot désormais sans objet.

Maître de diminuer ainsi, en les dotant, les droits naturellement attribués à ses filles, le père, en Normandie, ne pouvait augmenter ces mêmes droits au préjudice de ses fils, représentants véritables de la famille, et chargés de soutenir le nom des aïeux. Les filles, quel que fût leur nombre, ne devaient jamais recevoir plus du tiers de la fortune totale, de manière pourtant à ce que leur part dans ce tiers n'excédât pas celle du puîné le moins prenant dans la succession entière. Quand la proportion que nous venons d'indiquer avait été dépassée, les frères avaient contre leurs sœurs une action en réduction; mais les délais fixés pour l'intenter étaient très-brefs, puisqu'il fallait agir dans l'année qui suivait immédiatement le décès du père. Telle était également la prescription applicable à la demande en nullité contre les donations d'immeubles faites par le père ou la mère naturels à leur enfant. La durée si courte de la prescription, dans chacun de ces deux cas, était un souvenir du droit primitif apporté de la Germanie, par suite duquel toutes les actions s'éteignaient par un an. C'est le propre, en effet, d'une époque encore barbare de resserrer extrêmement les temps donnés pour agir en justice. La longueur des délais suppose des preuves écrites, elle atteste un respect extrême pour les droits de chacun, que la civilisation seule est capable de produire.

La Coutume de Normandie, en excluant les femmes des successions en présence de leurs frères, avait pourtant conservé en leur faveur un usage antique contemporain de l'établissement des Francs dans la Gaule, puisque nous le trouvons consacré dans les Formules de

Marculfe. L'art. 258, en effet, autorisait le père qui mariait sa fille à déroger à la rigueur du droit commun, par la déclaration formelle qu'il entendait la rappeler à partage. Ce rappel à succession, qui naturellement obligeait la fille à rapporter sa dot, ne la plaçait pas, cependant, dans une position aussi favorable que ses frères. Même en ce cas, les filles, toutes ensemble, n'obtenaient que le tiers des immeubles en noble ou en roture; les biens en bourgage, situés dans l'intérieur des villes, et les meubles se partageaient seuls également. Plusieurs règles contraires à l'intérêt des filles venaient encore diminuer leur part ainsi fixée; chaque frère, avant sa liquidation, jouissait du droit de prélever sans indemnité un manoir sis aux champs (art. 271). Les filles, en outre, pour employer les expressions de la Coutume, ne devaient pas obtenir les principales pièces de l'héritage (art. 269). On leur faisait un lot d'attribution composé des biens les moins précieux.

Quand le père de famille était mort, laissant des filles non mariées, celles-ci, fussent-elles majeures, n'étaient pas mises en possession immédiate d'une indépendance absolue. L'art. 261 de la Coutume les place sous la garde du fils aîné. C'est à lui, concurremment avec les autres frères, qu'appartiendra le devoir de veiller à l'établissement de ses sœurs. L'on ne saurait pourtant, sur ce point, s'en remettre entièrement à la sollicitude et à la tendresse des frères. Si la dot fournie par eux était toujours réputée suffisante comme celle qu'a donnée le père, il serait à craindre que leur choix ne fût dicté par le honteux motif de placer leur sœur au meilleur marché possible. Or, ce que la Coutume craint par-dessus tout, c'est que la fille mariée par ses frères ne soit *déparagée*, c'est-à-dire donnée à un homme d'une condition inférieure à la sienne (1). Si cette crainte vient à se réaliser, elle aura contre ses frères action en supplément de dot, jusqu'à concurrence de sa part dans le tiers de la fortune paternelle. Mais, par un motif tout contraire, quand l'alliance qu'elle a contractée avec l'assentiment de ses frères est honorable et digne d'elle, toute réclamation de ce genre lui est interdite; la dot qu'elle a reçue doit lui suffire. Ici encore le but de la loi est atteint (art. 251).

Si le frère n'offre pas à sa sœur un parti convenable, elle peut choisir elle-même son époux, et requérir la délivrance d'*un mariage avenant*. Mais, pour cela, deux conditions sont nécessaires. Il faut que la fille ait atteint l'âge de 21 ans, et qu'une année entière se soit écoulée depuis le décès du père (art. 261). On voit combien tout ce système est empreint d'aristocratie et d'injustice. La différence entre la sœur et ses frères, déjà si grande par rapport à la distribution du patrimoine de la famille, le devient plus encore relativement à la liberté de sa personne (2). Le frère qui refuse une dot à sa sœur âgée de vingt et un ans, est puni de son refus par l'obligation que la Coutume lui impose d'admettre cette sœur au

---

(1) D'après l'ancien Coutumier, chap. xxvi, *De partie d'héritage*, la fille qui refuse sans cause raisonnable le parti honorable présenté par ses frères, perd tout droit à demander ultérieurement une dot contre eux.

(2) La jurisprudence, il est vrai, avait adouci cette rigueur excessive de la Coutume, en permettant à la fille de se marier avant vingt-un ans contre l'avis de ses frères, avec le consentement de ses autres parents; mais alors la liquidation de son mariage avenant était différée tant qu'elle n'avait pas atteint cet âge.

partage. S'il consent à donner la dot, mais qu'il en offre une insuffisante, le soin de liquider celle-ci est renvoyé à une assemblée de parents (art. 262). La coutume ne renfermant aucunes bases destinées à fixer, dans ce cas, le chiffre du *mariage avenant*, il semble qu'il eût dû appartenir aux parents de l'arbitrer équitablement, dans le but unique d'assurer à la fille un établissement digne d'elle. Tel était, en effet, l'ancien droit de la province (1). Cependant la jurisprudence avait fini par considérer la dot alors comme une véritable légitime. Elle devait, par suite, s'élever, pour toutes les filles, au tiers des biens paternels ; seulement les frères débiteurs de cette légitime avaient la faculté de la payer en argent ou en rentes. Les sœurs, pour la composer, n'étaient pas admises à réclamer en nature des objets héréditaires.

Quand une fille était parvenue à l'âge de vingt-cinq ans sans avoir été mariée, il avait paru trop dur de la retenir plus long-temps sous la garde et dans la dépendance de ses frères. On lui accordait le droit de demander à ceux-ci une pension équivalente à sa dot ; mais la dot elle-même n'était jamais exigible, si ce n'est au moment de son mariage. C'est qu'en effet, la créance dotale de la sœur contre ses frères était inaliénable parmi nous, aussi bien que la dot véritable remise par eux entre les mains du mari. On n'eût pu, en conséquence, contraindre alors le frère à acquitter immédiatement sa dette, sans l'exposer à l'obligation de payer une seconde fois, si sa sœur avait dissipé, avant de se marier, le

---

(1) *Grand Coutumier de Normandie*, chap. XXVI, *De partie d'héritage*.

capital reçu par elle. Puis, en supposant qu'elle vint à mourir fille, le retour de sa légitime à sa famille devenait plus certain, par cela qu'elle n'avait jamais eu à sa disposition qu'une pension viagère.

Si le père, en mourant, n'avait laissé que des filles, les fiefs eux-mêmes, comme tous les autres biens, se partageaient également entre chacune d'elles (1). Cependant, pour conserver autant que possible, en ce cas, la règle féodale de l'indivisibilité des fiefs, on avait accordé à la fille aînée, sur ses sœurs, une supériorité véritable établie à la fois dans son intérêt et dans celui du seigneur dominant. Les droits honorifiques appartenant au fief entier, partagé entre les filles, étaient dévolus à l'aînée; mais aussi elle devait acquitter seule les charges qu'il emportait, sauf recours contre les puînées à proportion des parts qu'elles y avaient prises.

Cette relation, appelée *tenure par parage*, était très-ancienne en Normandie. Au XIIe siècle, l'ancien Coutumier nous l'apprend, elle existait même entre les frères qui s'étaient réparti, sans les diviser, les différents fiefs composant la succession de leur père. L'aîné, malgré ce partage, répondait vis-à-vis du duc ou du suzerain, quel qu'il fût, de la fidélité de tous les frères à desservir leur fief; il acquérait juridiction sur eux et pouvait, dans certains cas, les traduire devant sa Cour (2) Le parage

_____

(1) Les fiefs, divisibles entre les filles, reprenaient leur nature indivisible vis-à-vis des héritiers de celles-ci. L'aîné des petits-fils, nés de la fille morte avant son père, obtenait pour lui seul, au détriment de ses frères, le fief ou la portion de fief qui leur était dévolu du chef de leur mère. Les puînés avaient seulement alors provision du tiers.

(2) Chap. xxx, *De tenure par parage*; chap. lii, *De court*. À la septième génération, la tenure par parage change de nature, et les descendants des puînés doivent désormais hommage à ceux de l'aîné.

ainsi compris était ; on le voit, un moyen puissant de raffermir, en les resserrant, les liens du vasselage, et aussi de faire passer dans les mœurs cette maxime du respect dû à l'aîné par ses autres frères, que la Coutume nouvelle avait elle-même reproduite (art. 124).

Un autre vestige plus important, dans la pratique, de la supériorité de l'aîné sur ses frères, se rencontrait dans l'article 237 de la Coutume. Le fils aîné, d'après cet article, est saisi seul de la succession du père et de la mère. Il profite exclusivement des fruits, tant que les puînés ne réclament pas le partage. C'est là, on le voit, une prérogative nouvelle de l'aînesse qu'il faut ajouter soigneusement à celles que nous avons déjà signalées. Remarquons, d'ailleurs, qu'elle n'était pas, comme le choix privilégié d'un fief, particulière aux biens nobles. Elle s'étendait indistinctement à toutes les successions.

§ 3. Réserve des enfants sur les biens de leurs parents.

La réserve des enfants sur les biens de leurs parents ne consistait pas précisément, en Normandie, dans les obstacles apportés par la Coutume aux dispositions que ceux-ci auraient pu faire par donation entre-vifs ou par testament. La faculté de transmettre ses biens à titre gratuit n'était pas envisagée, en effet, comme formant le droit commun; c'était, à vrai dire, une concession exceptionnelle de la loi. Aussi, nous le verrons bientôt, elle n'était accordée à personne d'une manière absolue. Sous un système de législation dont la pensée constante était la conservation des fortunes, il fallait pour les enfants une réserve plus certaine, que la folle prodigalité des auteurs de leurs jours fût impuissante à détruire. Les générations successives, dont une famille se compose, semblaient, en quelque façon, les anneaux d'une même chaîne ; il paraissait rationnel, dès lors, qu'une sorte de substitution perpétuelle vînt les grever respectivement les unes au profit des autres.

La Coutume de Normandie, pour atteindre à ce but, avait adopté une institution connue pareillement, il est vrai, dans d'autres parties de l'ancienne France, mais plus fortement constituée parmi nous (1). Le tiers des immeubles possédés par le père au moment de son mariage ou acquis depuis par lui à titre de succession directe, formait, pour les enfants, une légitime inaliénable. Le douaire de la mère, toutefois, quand elle survivait à son mari, devait s'exercer sur ces biens, avant qu'il fût permis aux enfants de les revendiquer. A cet égard, la législation normande se rapprochait des Coutumes qui transmettaient également aux enfants le bénéfice du douaire de la femme. Mais elle en différait en plusieurs points attestant de sa part une sollicitude plus grande pour les intérêts de la famille. Ainsi, sous son empire, la réduction du douaire au-dessous du taux légal, par suite des conventions matrimoniales des époux, ne pouvait nuire en rien aux enfants. La réserve de ceux-ci existait sur les biens de la mère, et non pas seulement, comme ailleurs, sur ceux laissés par le père. Enfin le *tiers coutumier*, tel était le nom de cette réserve, se partageait, en Normandie, d'après les bases suivies pour la succession paternelle elle-même. Les avantages de l'ai-

(1) L'ancienne Coutume de Reims, toutefois, citée par M. Chauffour dans cette *Revue*, 1847, t. II, p. 341, attribuait aux enfants, sous le nom bizarre de *demy naissant*, un privilége absolument semblable au tiers coutumier de Normandie.

nesse et de la masculinité n'en étaient pas exclus, ce qui formait une exception à la règle commune consacrée par Loysel : *En douaire, n'y a point d'aînesse* (1).

Dans notre province, comme chez les anciens Romains, la vente forcée des biens d'un citoyen semblait emporter avec elle une sorte de mort civile. De même que le décès du père, elle donnait, par suite, ouverture à la demande du tiers coutumier. Dans chacun de ces deux cas, si le père avait vendu ou hypothéqué tous ses immeubles, les enfants pouvaient poursuivre les détenteurs, à commencer par ceux dont le titre était le plus récent, sans qu'on pût leur opposer le consentement qu'ils auraient donné à l'aliénation ou à l'hypothèque. Il en était ainsi, du reste, même dans les autres Coutumes, où l'on permettait à la femme de renoncer à son douaire, en figurant dans la vente des immeubles sur lesquels il devait s'étendre. Mais, en Normandie, de cette espèce de propriété irrévocable conférée par avance aux enfants, la jurisprudence avait tiré une conséquence contraire, il faut le dire, aux principes véritables, non moins qu'à l'intérêt des familles. Si l'un d'eux avait disposé, du vivant de son père, de la portion qui devait lui revenir dans le tiers coutumier, la vente, il est vrai, était nulle en elle-même, comme portant sur un objet dont l'aliénation était interdite; mais elle entraînait l'obligation d'indemniser l'acquéreur sur les autres biens composant la fortune de l'enfant (Placités, art. 85). Celui-ci, au surplus, pour réclamer le tiers coutumier, devait toujours renoncer préalablement à la succession de ses parents dont il se proposait, par cela même, d'attaquer les actes.

(1) *Institutes coutumières*, liv. 1, tit. III, règle 28, *De douaires*.

TROISIÈME PARTIE.

DES RELATIONS DE FAMILLE ENTRE LES PARENTS COLLATÉRAUX.

Sous un système de législation empreint constamment de tendances aristocratiques, telle qu'était notre ancienne Coutume, il faut s'attendre à voir attribuer à la parenté collatérale des effets juridiques beaucoup plus étendus que ceux qu'elle obtient de nos jours. Conserver religieusement les traditions de la famille, rapprocher aussi souvent que possible les membres qui la composent, empêcher les biens de ceux-ci de passer dans des mains étrangères, telles étaient les préoccupations de nos pères sur la matière qui fait, en ce moment, l'objet de notre étude. La stabilité des familles était à leurs yeux, un gage assuré de celle de l'Etat qui leur semblait devoir chanceler sur ses bases, là où les générations, en se renouvelant, remettaient sans cesse en question les existences acquises.

Pour faire prédominer ces idées, les souvenirs de l'histoire s'unissaient, dans leurs esprits, aux exigences de la politique. La Coutume de Normandie, nous l'avons déjà remarqué bien des fois, avait conservé une forte empreinte de l'origine germanique des conquérants de la Neustrie. Or, dans les lois des Francs, l'importance du lien de la famille est extrême. Une solidarité étroite unit tous les parents; le crime commis contre l'un d'entre eux donne à tous les autres le droit de venger, les armes à la main, l'association outragée, si le coupable, en payant la composition déterminée, ne se hâte d'échapper à la peine qui le menace. Quand ce dernier est insolvable, sa propre famille doit rembourser, à sa place, la somme à laquelle a droit l'offensé; pour décliner cette obligation, il lui faut abdiquer solennellement la parenté, formalité lugubre que l'opinion empreint de déshonneur (1). Cette responsabilité mutuelle remontait aux antiques traditions de la Germanie conservées par Tacite (2). Elle formait un moyen de gouvernement très-puissant chez un peuple encore barbare, où la hiérarchie des pouvoirs publics n'était qu'imparfaitement établie. C'est là, du reste, un fait général qui se retrouve chez toutes les nations, au commencement de leur histoire. Quand la société politique n'est pas solidement constituée, l'humanité, à laquelle répugne fortement l'existence isolée, cherche dans l'agglomération et la discipline des familles des garanties d'ordre et de paix.

Le désir de la Coutume de Normandie de maintenir aussi étroits que possible les liens de la parenté, même éloignée, se manifestait principalement dans ses dispositions relatives aux successions collatérales; mais il se révélait encore dans quelques-uns de ses textes renvoyant à la délibération de la famille l'appréciation des affaires intéressant les membres de celle-ci. Les parents, nous l'avons vu, devaient fixer le chiffre de la dot de la fille, quand elle ne pouvait, à cet égard, s'entendre avec ses frères (art. 362); il leur appartenait aussi d'autoriser, pour cause de nécessité, l'aliénation des biens de la femme séparée de son mari (art. 127, Plac.). Evidemment,

(1) M. Pardessus, *Loi salique*, dissertation douzième, p. 663.
(2) Suscipere tam inimicitias seu patris seu propinqui, quam amicitias necesse est : nec implacabiles durant ; luitur enim etiam homicidium certo armentorum ac pecorum numero, recipitque satisfactionem universa domus. Tacit., *De mor. Germ.*, cap. xxi.

cette intervention fréquente des parents collatéraux, dans des intérêts qui leur sont aujourd'hui étrangers, supposait, dans la pensée de la loi, l'existence entre eux d'une confraternité efficace fondée sur la communauté d'origine. Du reste, ce n'est pas seulement dans leurs relations personnelles qu'on en rencontre les effets; une sorte de copropriété appartient à la famille entière dans les biens de tous ceux qui la composent. De là l'indisponibilité des propres, qui ne peuvent, en aucune manière, passer à des tiers par testament; de là encore la faveur accordée au retrait lignager, par lequel un parent éloigné rappelle à lui l'immeuble sorti, au moyen d'une vente, du domaine de ses parents. Cette sollicitude de notre Coutume, pour établir sur des bases solides l'unité de la famille, provoque de sérieuses réflexions. Le système sur lequel elle reposait, bien que disparu sans retour, avait, il faut l'avouer, sa noblesse et sa grandeur. N'abandonnant pas l'homme, comme aujourd'hui, faible et isolé dans la carrière de la vie, il lui ménageait des appuis précieux. Sans doute, il favorisait peu les progrès de l'industrie que vient si puissamment stimuler, de nos jours, la nécessité pour chaque individu de se suffire à lui-même. Mais ce rapide mouvement du commerce, cette incessante circulation des richesses qui nous semblent importer tant au bien-être du corps social, ne frappaient pas également nos aïeux. Loin de là, pour conserver les fortunes, on ne craignait pas de les frapper à chaque instant d'indisponibilité, et d'apporter ainsi des obstacles sans nombre à la circulation des capitaux et à la liberté des transactions.

CHAPITRE PREMIER.

DE LA TUTELLE EN NORMANDIE.

La Coutume de Normandie gardait un silence absolu sur la délation des tutelles et le mode de leur gestion. Elle se contentait uniquement de déclarer le frère aîné *tuteur naturel et légitime de ses frères et sœurs en bas âge* (art. 237). Voici, selon moi, la cause de cet oubli qui a lieu de surprendre, dans une matière d'un usage aussi fréquent.

Les Coutumes, on le sait, ne formaient pas, pour chaque province, une législation méthodique et régulière. C'était un recueil d'usages anciens transmis, de temps immémorial, par une tradition constante. Là donc où ces traditions manquaient, les rédacteurs des Coutumes ne jugèrent pas à propos de les remplacer par des dispositions nouvelles, œuvre de leur propre sagesse. Au XVIe siècle, dans la Normandie, la tutelle des mineurs, quoique pratiquée déjà, était une institution récente; elle ne pouvait dès lors se rattacher aux antiques souvenirs de la contrée qu'il s'agissait de fixer en les écrivant. Long-temps, en effet, parmi nous, la personne et les biens du mineur privé de son père furent confiés exclusivement au suzerain dont relevait sa terre (1).

---

(1) Le *Coutumier normand*, découvert à la bibliothèque Ste.-Geneviève par M. Marnier, après avoir parlé des embûches auxquelles le mineur, privé de son père, pourrait être exposé de la part de ses parents collatéraux et du second mari de sa mère, conclut ainsi : « Pour oster donc telle desléauté et pour eschiver telle cruelté, fust-il establi que l'orphelin soit en la garde à celui à qui ses pères étoient liez par homage. » Titre x, *De la garde des orphelins*.

Quand la féodalité était encore dans sa force, une sorte de caractère paternel s'attachait aux relations du seigneur avec le jeune vassal qu'il devait protéger de tous ses soins, en retour du dévouement personnel que ce dernier aurait un jour à lui rendre. Mieux qu'un parent éloigné, le seigneur semblait propre à veiller à l'éducation du mineur, intéressé qu'il était à développer dans son âme les nobles sentiments, à l'instruire aux exercices guerriers, à l'habituer aux fatigues des combats. Le frère aîné seul, s'il était lui-même majeur, l'emportait sur le suzerain pour la tutelle de ses frères. C'est qu'en effet il répondait, vis-à-vis du seigneur dominant, du service des fiefs; d'ailleurs, nous l'avons vu, la saisine de la succession paternelle lui appartenait en entier, tant que ses frères n'étaient pas en position d'en réclamer leur part.

Sous un rapport, il est vrai, la garde féodale ne semble pas avoir pu complètement remplacer la tutelle. Elle était particulière aux nobles et ne s'appliquait pas, au moins directement, aux vilains et aux bourgeois. Cependant, nous le croyons, même à l'égard de ceux-ci, il devait arriver fréquemment que le propriétaire de la terre noble dont relevait la tenure d'un mineur orphelin s'arrogeât le droit de garde sur la personne de ce dernier. L'imitation des institutions de la classe privilégiée, le prétexte d'assurer, par la détention du seigneur, la prestation des services à lui dus, conduisaient naturellement à ce résultat. L'histoire d'ailleurs favorise cette conjecture; elle nous montre, en effet, nos ducs et leurs principaux vassaux mariant à leur guise les filles des riches bourgeois, comme celles des seigneurs féodaux tombées en garde, trafic odieux des affections les plus saintes de la famille et de la nature, dont les chartres des villes ont eu souvent pour objet de prévenir le retour (1). La tutelle du reste, ou du moins quelque chose d'analogue, eût-elle existé toujours parmi les roturiers, le silence de la Coutume à cet égard se concevrait encore, par suite de la préoccupation exclusive d'une époque aristocratique pour les intérêts de ceux qui occupent le premier rang. Quoi qu'il en puisse être, lorsque la féodalité toucha à son déclin, le droit de garde fut restreint par l'usage aux terres nobles du pupille, sa personne cessa d'être confiée au seigneur dont relevaient ses biens. Il fallut, dès-lors, même à l'égard des nobles, établir des règles sur la tutelle des mineurs. La tradition seule, pendant plusieurs siècles, consacra ces maximes omises par notre Coutume. Enfin un arrêt de réglement, rendu par le Parlement de Rouen, en 1673, vint les recueillir et leur donner le caractère officiel qui leur manquait encore. Ce réglement formait, en Normandie, le Code des tutelles ; le grand-père de l'auteur de cet article en a publié un commentaire étendu (2).

Les dispositions du règlement de 1673 relatives à la

(1) C'est, nous le croyons, à cet usage féodal attribuant au suzerain la garde de ses vassaux devenus orphelins, quelle que fût d'ailleurs la condition de ceux-ci, qu'il faut rapporter une des règles les plus importantes du droit anglais sur la matière des tutelles. Tous les pupilles, dans cette contrée, sont placés sous la protection immédiate du roi. La Cour du chancelier, représentant directement le monarque, vérifie annuellement les comptes de leurs tuteurs : elle peut les destituer et les remplacer quand elle le juge convenable. Blackstone, liv. 1, chap. ix, § 1.

(2) *Observations sur le règlement des tutelles*, par M. Cauvet, avocat au siège présidial de Caen. Caen, 1777.

désignation du tuteur offrent un curieux exemple de l'habitude fréquente dans les législations fondées sur les précédents de conserver les règles anciennes intactes en apparence, encore qu'elles n'obtiennent plus dans la pratique qu'une existence mensongère. L'article premier du règlement des tutelles proclame le frère aîné tuteur naturel et légitime de ses frères et sœurs en bas âge; et pourtant un usage constant avait naturalisé dans la province la maxime commune à toutes les Coutumes : *les tutelles sont datives* (1). Le frère aîné, par suite, bien que saisi, jusqu'au partage, de la fortune paternelle, n'était pas en réalité tuteur légitime. Il devait être institué par le Conseil de famille, toujours maître de déférer la tutelle à qui bon lui semblait, quand même le père, en mourant, en aurait disposé par son testament. La mère seule, lorsqu'elle survivait au père, bien qu'elle ne fût pas tutrice de droit, pouvait, en donnant caution, revendiquer, préférablement à tout autre, la tutelle de ses enfants.

L'élection du tuteur, confiée à un conseil de famille composé de douze parents pris dans les deux lignes, avait cela de remarquable que les auteurs de la nomination du tuteur devaient répondre de sa gestion vis-à-vis du pupille. Le tuteur élu, s'il existait un parent plus proche que lui, avait la faculté de contraindre ce dernier à exercer la tutelle. Seulement, il était, de plein droit, constitué garant de son administration, sans cependant annuler par là la responsabilité des parents qui l'avaient nommé, tenus subsidiairement en cas qu'il fût lui-même insolvable. Dans cette série de recours

(1) Loisel, liv. 1, tit. 1v ; de Vourie, règle 6.

possibles accompagnés sans distinction d'une hypothèque légale, on reconnaît l'esprit constant de notre Coutume, indifférente pour le crédit public et soigneuse avant tout de la conservation des fortunes privées.

La mission de choisir le tuteur soumettant ainsi les parents du mineur à une responsabilité pesante, il avait paru sage de donner au Conseil de famille des pouvoirs étendus, à l'effet de tracer à l'avance la marche à suivre dans la gestion de la tutelle. Il pouvait, par exemple, obliger le tuteur à rendre un compte tous les trois ans. Il avait le droit, en outre, de lui adjoindre deux parents et deux jurisconsultes dont il devait prendre l'avis pour toutes les affaires confiées à ses soins. L'incapacité du mineur qui aurait passé seul un contrat était la même qu'aujourd'hui. Seulement, par une exception basée sur un respect touchant pour la piété filiale, on déclarait valable un emprunt fait par lui, dans le but de délivrer son père, retenu en prison. Les tiers qui avaient des droits à faire valoir contre le pupille pouvaient les réclamer devant les tribunaux, en mettant en cause, en même temps que le tuteur, les *parents et avocats consulaires* désignés par le conseil de famille. Anciennement au contraire, en Normandie comme dans le reste de la France, toute action judiciaire était interdite contre un mineur avant la majorité acquise par lui ; règle inique assurément, qui faisait dégénérer la faveur due à l'incapable en déni de justice pour les autres citoyens (1).

Le règlement de Normandie attribuait au tuteur des avantages qu'il n'obtient pas sous le Code civil. Il re-

---

(1) Loisel, *Institutes coutumières* ; de Vourie, règle 12.

tenait, comme indemnité de ses peines, la vingtième partie des revenus du mineur. Les avances qu'il avait faites emportaient intérêt, faveur très-grande sous une législation imbue des idées canoniques ennemies de toute usure. Enfin ces recours contre le mineur étaient garantis par une hypothèque légale grevant tous les biens de ce dernier et prenant rang du jour de l'ouverture de la tutelle. Nous n'insisterons pas sur les autres dispositions du règlement de 1673, qui se rapprochent beaucoup des prescriptions du droit actuel. Remarquons seulement, en terminant, l'art. 37 défendant aux juges d'intervenir dans l'inventaire des biens du mineur. C'est là un vestige à noter de l'usage abusif existant autrefois d'asseoir les honoraires des magistrats sur l'accomplissement des actes de leur ministère. Ce salaire, on le voit, abaissait le caractère du juge dont la présence devenait souvent redoutable pour ceux-là même qu'il était appelé à protéger.

CHAPITRE II.

DES SUCCESSIONS COLLATÉRALES.

Un principe entièrement différent de celui que le Code civil a consacré formait, sur cette matière, le point de départ de la législation de l'ancienne Normandie. L'affection présumée du défunt, telle est aujourd'hui la base avouée de la vocation héréditaire, dans tous les degrés indistinctement où la loi la reconnaît. Sous notre Coutume, au contraire, on la faisait dériver d'une sorte de copropriété appartenant à la famille entière sur les biens de chacun de ses membres. Ici encore, le régime féodal, long-temps prépondérant chez nos ayeux, avait laissé son empreinte puissante. Les biens d'un citoyen mort sans postérité semblaient tacitement substitués à ses parents, par l'effet de la volonté du seigneur dont émanait originairement la concession de ces biens. L'hérédité, du reste, selon le droit commun de la France coutumière, contenait véritablement deux successions distinctes. Dans la ligne collatérale et dans la ligne ascendante, il fallait toujours distinguer les *propres* des *acquêts*. La succession des propres était dominée surtout par des règles inflexibles et sévères nées au souffle de la féodalité et de l'aristocratie; l'équité, bien que timidement, se faisait jour dans la succession des meubles et des acquêts. Malgré l'éloignement des époques et la différence des idées, il y avait là, on le voit, une analogie assez frappante avec l'hérédité des agnats et des cognats, dans le droit romain, régies pareillement l'une et l'autre par des principes tout-à-fait opposés.

Cette manière, particulière à notre Coutume, d'envisager les successions collatérales comme la réalisation au profit de l'héritier d'un droit préexistant, qu'il tenait de la loi sur les biens de sa famille, s'opposait à l'exercice illimité des libéralités de diverse nature émanées du défunt. L'homme qui laissait après lui des ascendants ou des collatéraux ne pouvait disposer par testament que de son mobilier et du tiers de ses acquêts; il était complètement interdit de léguer les biens propres affectés plus directement à l'espèce de créance des parents, par cela que leur propriétaire les avait reçus de ses ancêtres. Pour la validité du legs des acquêts, il fallait que le testament fût antérieur de trois mois au décès de son auteur (art. 422). On avait craint la prodigalité indiscrète d'un mourant qui donne, sans les regretter, des biens qu'il sent lui échapper sans retour.

Par un motif semblable, les donations entre-vifs faites par un malade, moins de quarante jours avant sa mort, étaient également déclarées nulles. Les donations toutefois, moins hostiles que les testaments aux traditions germaniques, étaient vues avec plus de faveur; outre le mobilier et le tiers des acquêts, elles pouvaient comprendre le tiers des propres eux-mêmes. Quand la portion disponible avait été épuisée, on accordait aux héritiers le pouvoir de se décharger sur les donataires du tiers de toutes les dettes. Dans la ligne directe, nous le savons, par une prescription conservatrice commune, en général, aux pays de coutume, la qualité d'héritier présomptif était absolument incompatible avec celle de donataire ou de légataire. La même règle existait aussi, parmi nous, en ligne collatérale. Mais, comme la succession des propres et celle des acquêts formaient, en réalité, deux hérédités distinctes, il n'était pas interdit de léguer des acquêts à l'héritier des propres, ni de donner des propres au parent appelé par la Coutume à recueillir les acquêts. La dispense de rapport, en ce cas, avait lieu de plein droit; car la validité de la disposition reposait précisément sur cela qu'elle était faite à quelqu'un ne possédant pas la qualité de successible relativement au bien donné.

Toutes ces règles, on le voit, diffèrent singulièrement du système admis par le Code civil sur les droits que la parenté collatérale entraîne avec elle. La propriété, sous l'empire du Code, identifie complètement la chose possédée à la personne de celui qui possède, et la liberté de disposer à titre gratuit est, pour ce dernier, une conséquence aussi légitime de la qualité de propriétaire que le pouvoir d'aliéner et de vendre. Cette liberté, il est vrai, reçoit une exception en faveur des descendants et des ascendants; mais la réserve que la loi leur attribue respectivement n'a d'autre objet que de transporter sur leur succession, après leur décès, la dette réciproque d'aliments dont ils étaient tenus les uns envers les autres, pendant qu'ils étaient encore en vie. Rien de plus naturel, par suite, que l'absence complète de réserve dans la ligne collatérale, puisque le Code civil, en ce qui concerne cette classe de parents, repousse toute créance alimentaire, s'agit-il même des frères et sœurs, si rapprochés pourtant par le lien sacré d'une naissance commune.

Les autres Coutumes de l'ancienne France, sans s'écarter entièrement des idées consacrées par la nôtre dont elles trouvaient pareillement la source dans leur origine féodale et germanique, n'accordaient pas, non plus, au genre de parenté qui nous occupe des prérogatives aussi importantes. La liberté de disposer de sa fortune par donation entre-vifs était, en général, illimitée, sous leur empire, pour l'individu qui ne laissait après lui ni enfants ni ascendants. Mais les libéralités testamentaires n'étaient pas permises avec la même latitude. Les quatre cinquièmes des propres étaient frappés d'indisponibilité à leur égard, et devenaient ainsi, comme chez nous, au moins sous ce rapport, l'objet d'une créance réelle établie au profit des collatéraux du défunt (1).

---

(1) Pothier, *Traité des testaments*, chap. IV, art. 2; *Traité des donations*, sect. III, art. 6. Quelques Coutumes défendaient pourtant de donner entre-vifs plus de la moitié des propres.

Les incapacités de recevoir et de transmettre en matière de successions s'écartaient également beaucoup, en Normandie, de celles existant dans le droit actuel. Ainsi l'art. 149 de la Coutume déclarait confisqués au profit du monarque les meubles de celui qui s'était volontairement donné la mort. La jurisprudence, au dire de Basnage, encore que la Coutume ne parlât pas des biens immeubles, privait également les héritiers, dans ce cas, de la faculté de les recueillir. Pour cela, toutefois, il fallait faire le procès à la mémoire du mort; étrange justice qui cherchait à frapper le coupable jusque dans la tombe, et, ne pouvant y réussir, faisait retomber ses rigueurs sur une famille pure de toute faute!

La confiscation, du reste, était prodiguée dans le droit normand, malgré la réprobation unanime qu'elle excitait chez les commentateurs de la Coutume. Toute condamnation à une peine capitale ou perpétuelle, et même celle aux galères et au bannissement pour plus de neuf années (1), frappait le coupable de mort civile et le rendait incapable de transmettre sa succession à ses héritiers légitimes. Les réclamations de l'humanité étaient étouffées par cette considération problématique que l'homme, tenté de commettre un crime, serait retenu fréquemment sur le bord de l'abîme, par la perspective de la misère que son forfait allait faire descendre sur sa postérité. Le douaire de la femme et ses droits de succession sur les meubles du mari, atteints d'abord par la confiscation, comme ceux des héritiers ordinaires, avaient fini cependant par échapper à

---

(1) Telle était la jurisprudence au temps de Basnage, encore que la Coutume ne parlât, dans son art. 143, que du bannissement et des galères à perpétuité.

ses effets (Cout., art. 333); on les avait jugés dignes d'une faveur toute spéciale.

Les meubles du condamné appartenaient au roi; ses immeubles étaient dévolus au seigneur dont ils relevaient directement (1). C'était là un souvenir encore vivant du régime féodal, dans lequel, il faut le remarquer, la confiscation reposait sur une base infiniment moins odieuse. Le vassal coupable de félonie devenait à la fois incapable et indigne d'accomplir envers son suzerain les services attachés à la possession des fiefs qu'il tenait de lui. L'investiture qu'il avait reçue était, par suite, anéantie, sans que ses héritiers, quels qu'ils fussent, pussent la réclamer à leur tour. L'hérédité des fiefs, en effet, était contraire à leur nature primitive; l'usage seul l'avait introduite; il avait pu, dès lors, sans injustice refuser ce droit héréditaire aux parents du vassal convaincu de forfaiture. On eût dû craindre, malgré leur innocence personnelle, que le souvenir de la peine qui avait frappé leur auteur ne vînt diminuer dans leur âme le dévouement dont ils étaient redevables envers leur seigneur.

Long-temps, dans l'ancienne Normandie, les enfants d'un condamné à la peine capitale ne perdaient pas seulement, par les suites de la confiscation, leur espoir d'hériter de celui dont ils tenaient la vie. Nés d'un sang réprouvé, ils étaient exclus de toutes les successions qui auraient pu leur advenir du côté du coupable (2). Cette

(1) Les immeubles pourtant étaient attribués au roi, selon le droit commun de l'ancienne France, en cas de condamnation pour crime de lèse-majesté.

(2) « Aulcun qui soit engendré du *sang damné* ne peut avoir comme hoir aucune succession d'héritage. » *Grand coutumier de Normandie*, chap. xxiv, *De assise*. L'incapacité de succéder, fondée sur le sang damné, est restée en vigueur en Angleterre. Blackstone, liv. 1, chap. xv.

rigueur excessive de nos vieux usages avait paru digne de réprobation, dès avant la réformation de la Coutume. Un arrêt solennel du Parlement de Rouen, rendu en 1555, avait aboli pour l'avenir l'incapacité de succéder qui nous occupe, pourvu toutefois que la condamnation du père fut postérieure à la conception des enfants. Parmi nous, en effet, comme dans le reste de la France, la mort civile, sans dissoudre le lien du mariage, lui enlevait les effets du droit civil qu'il était capable de produire.

Nous ne dirons rien de l'art. 273 de la Coutume déclarant les religieux profès inhabiles à succéder. C'était là, on le sait, le droit commun de l'Europe entière, lorsque les ordres monastiques formaient des corporations puissantes, reconnues et protégées par la loi. Mais l'art. 274 mérite quelque attention, comme fournissant un nouvel exemple de ce respect si grand des rédacteurs des Coutumes pour les traditions séculaires qu'ils étaient chargés de recueillir. Cet article décide que *celui qui est jugé et séparé pour maladie de lèpre ne peut succéder*. Quant à ses biens personnels, ils lui restent, il est vrai, mais il n'en a plus que l'usufruit, sans pouvoir les aliéner. On éprouve quelque étonnement, il me semble, en lisant cette disposition encore en vigueur il y a soixante ans, et qui reporte si vivement notre esprit dans l'époque la plus rude du moyen-âge. Alors, en effet, le malheureux atteint par la lèpre, frappé de la main de Dieu, était séquestré du commerce des vivants. Mort au monde, comme les religieux profès, sa personne ne comptait plus aux yeux de la loi civile. Son état pourtant devait être préalablement constaté. C'est le jugement dont parle notre article, solennité lugubre à laquelle les cérémonies de la religion venaient donner un caractère touchant. Conduit à l'église au milieu de chants funèbres, le lépreux était placé sous le drap mortuaire, pendant qu'on récitait l'office des morts. De là, on le ramenait à la demeure qui lui était assignée, et des prières analogues à la circonstance s'élevaient pour lui vers le Ciel, pendant qu'il passait ce seuil qui lui était désormais interdit de franchir.

§ 1. De la succession aux biens propres.

On appelait de ce nom les immeubles réels ou fictifs venus dans la possession du défunt en vertu d'un titre reposant sur le lien de famille. Tels étaient, la succession ab intestat, la donation en avancement d'hoirie, l'exercice du retrait lignager. Pour hériter des propres, la parenté, par elle seule, eût été insuffisante; cette espèce de biens, en effet, était réservée exclusivement à ceux des successibles qui appartenaient à la ligne dont elle provenait. Bien plus, quand le défunt, pendant sa vie, avait vendu quelques-uns de ses propres, l'héritier de ceux-ci avait le droit de prélever, avant le partage, sur les meubles et sur les acquêts, une valeur correspondant à celle des immeubles aliénés.

La règle, commune à toutes les Coutumes, qu'exprimait en termes concis l'adage latin : *Paterna paternis; materna maternis*, cadrait singulièrement avec l'esprit aristocratique de notre ancienne législation. Elle perpétuait la splendeur des familles, en empêchant qu'une d'elles ne pût s'enrichir aux dépens d'une autre. Son origine pourtant ne reposait pas précisément sur le désir de la conservation des fortunes; il faut la chercher dans le régime des fiefs, dans les principes particuliers à la transmission héréditaire de ce mode de propriété qui, grâce à la faveur qui l'environnait, avait fini par imposer ses lois à tous les fonds de terre.

Lorsque les fiefs cessèrent d'être viagers, le droit des héritiers du concessionnaire reposa tout entier sur la supposition d'une clause tacite ajoutée au contrat d'inféodation, et par laquelle le seigneur communiquait à la postérité du vassal le bénéfice qu'il avait accordé à celui-ci. Quand donc le possesseur d'un fief venait à mourir sans laisser d'enfants, ses collatéraux étaient, il est vrai, aptes à recueillir ce bien ; mais il fallait pour cela qu'ils remontassent directement à celui des aïeux qui l'avait apporté dans la famille. Il n'eût pas suffi qu'ils appartinssent à la même ligne de parenté, si cette parenté, en ce qui les concernait, se rattachait nécessairement à un ancêtre ultérieur. Tel était le droit en vigueur au XIIIe. siècle. Le livre des fiefs inséré au Digeste nous apprend qu'un frère ne succède au fief de son frère que si la concession primitive a été faite à leur père commun, et non quand le frère défunt a lui-même reçu le bénéfice (1). Notre vieux coutumier, en parlant des successions collatérales, déclare que le bien venu d'un *antécesseur* revient, à défauts d'enfants, *à tous ceux qui sont en icelle même ligne;* mais il ajoute immédiatement ; *ce ne doit être entendu fors de ceux de qui l'héritage descend* (2). Cette nécessité pour l'héritier

---

(1) « Si duo fratres de *novo* beneficio, et non de *paterno* simul investiti fuerint, uno sine herede defuncto, ad alterum non pertinet ejus beneficii portio. » Lib. II, tit. XII.

(2) Chap. XXV, *De escheance.*

d'un fief de rattacher son origine au concessionnaire investi le premier par le seigneur était, en effet, singulièrement propre à maintenir intacts dans son souvenir les sentiments de reconnaissance et de fidélité qui devaient l'attacher à la postérité du bienfaiteur de sa famille.

Quelques coutumes de l'ancienne France, appelées *coutumes souchères*, avaient maintenu, jusqu'aux derniers temps, cette règle antique d'envisager la parenté dans la ligne collatérale, relativement aux biens propres, uniquement par rapport à l'ancêtre dont ceux-ci provenaient. Tel est encore, au moins en principe, le droit en vigueur dans l'Angleterre, toujours si fidèle aux traditions de son passé (1). Notre Coutume, pourtant, s'était départie de cette rigueur. On ne distinguait pas, sous son empire, pour employer les expressions consacrés autrefois, *les propres avitins des propres naissants*. Tous les parents collatéraux du défunt, appartenant à la ligne par laquelle des biens propres avaient été apportés, pouvaient les obtenir, les uns comme les autres, à titre héréditaire, quand même l'origine de ces collatéraux aurait remonté plus loin que leur premier possesseur.

(1) Blackstone, en effet, en traitant des successions collatérales, liv. 1, chap. XIV, commence par poser comme le principe dominant de la matière, que *personne ne peut recueillir un héritage s'il n'est du sang du premier propriétaire*. Mais il nous apprend bientôt que, par une de ces fictions si communes dans le droit anglais et pour éviter des recherches difficiles, on feint dans la pratique que l'acquéreur primitif est inconnu, et l'on profite de cette fiction pour adjuger le bien au parent le plus proche dans la ligne dont il provient. La représentation est admise à l'infini, comme elle l'était dans l'ancienne Normandie.

La facilité de notre Coutume à cet égard simplifiait l'établissement des généalogies et le partage des successions, remplis si souvent déjà, sous son empire, de difficultés ardues. C'était là évidemment une concession faite à l'utilité pratique, aux dépens des principes abstraits. Mais en favorisant, sous ce point de vue, la transmission héréditaire des biens propres, la Coutume de Normandie avait conservé dans son intégrité native une autre conséquence importante de leur mode de succession. Quand la ligne de parenté appelée à recueillir un bien de cette nature venait à faire défaut, ce bien, parmi nous, ne pouvait passer aux parents de la ligne opposée; il était dévolu au seigneur dont il relevait. On voyait dans cette dévolution l'accomplissement d'une des lois primitives de la concession du fonds de terre. Affecté exclusivement par la volonté du seigneur qui l'avait donné à la famille du concessionnaire, cet immeuble n'eût pu, sans injustice, aller enrichir une famille étrangère. Dans les autres provinces, au contraire, où les exigences de l'équité avaient fait oublier, bien plus qu'en Normandie, les anciens usages féodaux, le seigneur était exclu par les parents de la ligne opposée. On lui préférait même le conjoint survivant, dont la succession importée du droit romain était inconnue, en Normandie, pour les propres et pour les acquêts.

Les autres Coutumes encore, quand il s'agissait de désigner l'héritier parmi les collatéraux de chaque ligne, s'attachaient à la proximité personnelle. Elles n'admettaient la représentation que *dans les termes du droit*, c'est-à-dire en faveur des neveux concourant avec leurs oncles, selon la décision de Justinien pour ce cas (1).

(1) Pothier, *Traité des successions*, chap. II, § 1. Loisel nous

La loi normande, essentiellement conservatrice, n'avait pas voulu que l'opulence d'une famille pût dépendre, dans une circonstance donnée, de la vie de son chef. En collatérale, aussi bien qu'en ligne directe, elle permettait la représentation à l'infini, préférant ainsi la sécurité des positions sociales à la complication inséparable de ce mode de constater la parenté.

Au moyen de la représentation illimitée, on arrivait nécessairement à des frères et à des sœurs se succédant les uns aux autres, et transmettant leurs droits à leurs représentants. On appliquait par suite aux parents collatéraux même les plus éloignés les règles de partage établies par la Coutume pour la succession réciproque des frères et sœurs. Or, ces règles, sauf quelques différences, étaient absolument les mêmes que celles consacrées dans la ligne directe. Les frères l'emportaient sur les sœurs; l'aîné des frères avait le choix d'un fief à titre de primogéniture, mais aussi l'exercice de ce privilège le rendait étranger aux biens roturiers. Il faut remarquer qu'en collatérale, les sœurs n'obtenaient pas de *mariage avenant* contre leurs frères, à raison de la part dont elles étaient privées au profit de ceux-ci; de plus, les puînés, si la succession renfermait un fief unique, ne pouvaient réclamer provision du tiers contre

fournit un curieux exemple des efforts des jurisconsultes de la renaissance pour rattacher au droit romain les règles de nos Coutumes qui s'en montraient le plus éloignées. « *Les Français*, dit-il, *ont reçu, comme gens de guerre, divers patrimoines et plusieurs sortes d'héritiers d'une seule personne*. Ainsi, la double succession des propres et des acquêts dérive, à ses yeux, des privilèges attribués aux testaments militaires et au pécule *castrans*. » *Institutes coutumières*, liv. II, tit. v, règle 12.

l'aîné. Ces deux droits, en effet, possédaient véritablement le caractère de créance alimentaire, et cela suffisait pour en restreindre l'exercice à la succession du père et de la mère. Du reste, la prérogative du sexe et celle de l'âge étaient envisagées uniquement dans la personne du représenté et non dans celle des représentants. Les femmes, incapables d'hériter par elles-mêmes, en présence de mâles de leur degré, jouissaient, au moyen de la représentation, de tous les avantages qu'eût exercés l'aïeul dont elles tiraient leur origine.

Quand la division de la succession collatérale avait été opérée entre les souches primitives d'après les bases que nous venons d'indiquer, on suivait des principes semblables pour la subdivision devenue nécessaire entre les parents appartenant à chacune de ces branches. Ici encore les mâles passaient avant les femmes du même degré, l'aîné prenait son préciput, sans aucune récompense en faveur des puînés.

La computation du degré de parenté, dans la succession des propres, s'opérait d'un seul côté seulement, d'après le mode consacré par la loi canonique. C'était là, ce semble, une conséquence naturelle de la représentation admise à l'infini. A ce moyen, en effet, il n'était besoin que de remonter, dans chaque branche, à l'ancêtre dont celle-ci descendait. La qualité de successible cessait d'exister au-delà du septième degré entendu de cette manière, limitation contraire au droit commun des Coutumes (1), admise probablement dans l'intérêt des seigneurs féodaux pour augmenter leurs chances de réversion.

---

(1) Tant et si avant qu'on peut justifier la parenté, les seigneurs sont exclus. Loisel, *Institutes coutumières*, liv. II, tit. V, règle 33.

§ 2. De la succession aux meubles et aux acquêts.

La confusion des meubles et des acquêts dans un mode de succession identique, ne remontait pas aux origines de notre Coutume. Au XIIIe. siècle, le grand Coutumier nous l'apprend, les meubles d'un défunt semblaient affectés particulièrement à l'acquit des prières utiles au salut de son âme. L'Eglise, par suite, quand une succession venait à s'ouvrir, était mise en possession du mobilier qu'elle contenait. S'il existait un testament renfermant des legs pieux d'une valeur suffisante, elle veillait à leur exécution. A défaut de testament, il appartenait à l'évêque de prélever sur ces meubles la somme nécessaire aux services religieux que les intérêts immortels du défunt paraissaient requérir. Il distribuait ensuite le surplus d'après des proportions équitables fixées sans doute par l'usage. Quand le défunt était mort excommunié, les prières de l'Eglise lui devenaient inutiles, mais sa famille ne profitait pas pour cela de son mobilier. Il demeurait confisqué au profit du duc, qui obtenait à ce titre, outre les meubles du suicidé, ceux de l'usurier de profession et ceux de l'homme mort sans sacrements, après neuf jours de maladie (1).

Dans la succession des meubles et des acquêts, on ne pouvait s'attacher, comme pour celle des propres, à

---

(1) *Grand Coutumier de Normandie*, chap. XXI, de *Usuriers*; chap. XXII, de *Homicide de soi-même*. Encore aujourd'hui, dans beaucoup de paroisses d'Angleterre, le ministre prélève une somme d'argent, à titre de droit, sur le mobilier de ses paroissiens défunts. Blackstone, liv. I, chap. XXVIII.

restituer les biens à la famille dont ils étaient sortis. Alors, en effet, les immeubles n'avaient jamais appartenu aux ancêtres du défunt, et la nature particulière des meubles semblait apporter un obstacle invincible à ce que leur origine fût constatée avec certitude. Dès lors, sans opérer de division entre les deux lignes, on attribuait indistinctement l'hérédité aux parents les plus proches, sauf pourtant des exceptions que l'esprit aristocratique de la Coutume normande explique aisément. La représentation n'était pas admise, si ce n'est en faveur des neveux, alors seulement qu'ils se trouvaient concourir avec leurs oncles; encore les neveux, dans ce cas, n'obtenaient pas d'une manière complète les privilèges que leur père aurait exercés.

Le mode de succession qui nous occupe, favorisant moins la conservation des fortunes, paraissait empreint d'un caractère exceptionnel. Tous les immeubles possédés par le défunt étaient réputés, de plein droit, propres paternels, si le contraire n'était pas démontré. Cette présomption légale avait pour conséquence d'affecter exclusivement à la ligne paternelle les propres qui venaient d'un parent conjoint dans les deux lignes. Tels étaient les biens que le défunt aurait recueillis dans la succession d'un frère germain dont il avait précédemment hérité.

La parenté agnatique, en effet, était envisagée constamment avec une faveur singulière, comme étant la seule qui perpétuât véritablement les traditions de famille. Aussi, pour les meubles et les acquêts eux-mêmes, les parents paternels, à degré égal, l'emportaient sur les maternels. Les frères utérins, pourtant, concouraient avec les germains et les consanguins. Mais cette disposition de la Coutume choquait les idées reçues dans la province (1), et les jurisconsultes, cherchant à la restreindre, refusaient aux enfants du frère de mère la faculté de représenter leur père décédé. Le double lien, on le voit, n'était pas pris en considération parmi nous ; c'était là, du reste, le droit commun de l'ancienne France (2).

A égalité de degré encore, les mâles excluaient les femmes. Mais cette préférence du sexe masculin, toujours en faisant exception pour les frères utérins, ne venait qu'après celle attribuée aux parents paternels. Une cousine du défunt du côté de son père l'emportait sur un cousin appartenant à la ligne maternelle. La Coutume de Normandie, si peu favorable à la succession des femmes, quand elles se présentaient en vertu de leur droit propre, cessait, nous l'avons vu déjà, de se montrer rigoureuse ; lorsqu'elles rattachaient leur vocation héréditaire à celle d'un parent du sexe privilégié. La sœur, exclue du droit de prendre part aux acquêts de son frère défunt, en présence d'un autre frère encore vivant, ne l'était pas également par ses neveux, frères de ce dernier. Ceux-ci, en effet, quand ils venaient par représentation, n'héritaient pas du privilège de leur père et concouraient avec leurs tantes.

Le droit de primogéniture aussi, lorsqu'il se trouvait un bien noble parmi les acquêts, était réservé au frère aîné et ne passait pas à ses descendants. Par suite de l'indivisibilité des fiefs, il est vrai, l'aîné de ceux-ci avait

---

(1) Basnage nous l'apprend, sur l'art. 312. « L'égalité qu'établit cet article entre les frères utérins et les consanguins, a toujours, dit-il, fort déplu dans cette province. »

(2) Loisel, *Institutes coutumières*, De successions, règle 19.

la faculté d'exiger que l'on mît dans son lot le fief en entier ; mais il devait en rembourser proportionnellement l'estimation à ses cohéritiers. Du reste, malgré la distinction qui séparait la succession des acquêts et celle des propres, le préciput du frère aîné ne pouvait s'étendre à la fois sur chacune d'elles. Le choix qu'il aurait fait d'un fief dans l'une ou dans l'autre le rendait en même temps étranger à toutes les deux.

§ 3. Des successions d'après la Coutume de Caux.

Dans la France coutumière, à côté des Coutumes générales régissant une province entière, l'on rencontrait partout des coutumes locales possédant, elles aussi, un caractère officiel et obligatoire. Il n'entre pas dans mon plan d'examiner les usages de ce genre existant dans l'ancienne Normandie; l'un d'entre eux pourtant, à raison de son importance et de son originalité, mérite, je crois, que nous nous y arrêtions quelques instants. Le bailliage de Caux, occupant le pays compris entre la Seine et la mer, possédait une législation tout-à-fait particulière relativement aux successions.

Bien plus encore que le droit commun de la Normandie, le système embrassé par la Coutume de Caux tendait à perpétuer la splendeur des familles et à rendre immobiles les positions sociales Sous son empire, en effet, l'on ne distinguait pas les biens nobles des biens roturiers, l'on ne s'inquiétait pas du point de savoir si la succession renfermait ou non plusieurs fiefs. L'aîné des fils, indistinctement, obtenait pour lui seul tous les immeubles composant la fortune paternelle ; il était l'unique représentant de son père décédé. Les puinés, assimilés aux filles, n'étaient pas véritablement héritiers ; ils pouvaient seulement demander une légitime.

Le but de cette légitime étant de leur fournir des aliments, elle consista long-temps en un droit d'usufruit s'étendant, quel que fût leur nombre, sur le tiers de la succession totale. Cet usufruit lui-même fut un adoucissement, au moins pour les roturiers, à un droit primitif plus rigoureux encore. Il suffisait d'abord, dans les familles non nobles, que l'aîné fît apprendre à ses frères une profession quelconque qui les mît en état de gagner leur vie (1). Lors de la rédaction de la Coutume, il parut trop dur de n'accorder aux puînés qu'une simple jouissance ; leur part resta la même quant à sa proportion, mais elle changea de nature et consista dorénavant dans un tiers en propriété, si le père de famille, toutefois, n'en avait pas ordonné autrement. Pour ménager les préjugés des habitants du pays de Caux, mécontents, à ce qu'il paraît, de voir porter atteinte aux privilèges de leurs aînés, les rédacteurs de la Coutume avait dérogé, en cette matière, à leur antipathie habituelle pour les testaments. La propriété du tiers destiné aux puînés pouvait, en effet, être attribuée par le père commun, soit exclusivement à l'un d'entre eux, soit au fils aîné. Il suffisait, pour la validité d'une disposition de ce genre, qu'elle ne portât pas atteinte au droit d'usufruit des cadets, seule réserve véritable qui leur fût donnée.

Une autre prérogative de l'aîné sous la coutume de

---

(1) Terrien, *Commentaire du droict civil observé au pays et duché de Normandie*, liv. VI, chap. IV. Cet auteur a écrit antérieurement à la rédaction de la Coutume.

Caux, rappelait son droit ancien au patrimoine total. Quand les puînés prenaient leur légitime en propriété selon la loi commune, il lui était permis de les rembourser en argent et de garder, à ce moyen, tous les immeubles. Ajoutons qu'avant le partage, on mettait dans son lot, sans indemnité pour ses frères, le manoir et *pourpris* (1) occupés par la famille.

Dans la ligne collatérale, les priviléges de l'aînesse étaient plus considérables encore. Dans le premier degré, il est vrai, quand il s'agissait de la succession d'un frère, les puînés en obtenaient le tiers, comme si la succession du père commun eût été mise en partage; mais, dans les degrés ultérieurs, l'aîné héritait seul des propres, sans aucune récompense pour ses frères. Le caractère alimentaire de leur légitime empêchait qu'elle ne pût s'étendre plus loin que les successions directes, sauf l'exception que nous venons de signaler.

C'est une question curieuse à examiner que de savoir à quelle cause il convient d'attribuer cette rigueur si grande de la Coutume de Caux, dans l'application du principe aristocratique de l'unité de la famille survivant à la mort de son chef. Basnage, le plus distingué des commentateurs du droit normand, en aperçoit l'origine dans des traditions gauloises conservées de toute ancienneté. Le pays de Caux, d'après lui, séparé par la Seine du reste de la province, faisait seul partie autrefois de la Gaule-Belgique. Or, les habitants de cette contrée, moins civilisés que les autres Gaulois, avaient adopté des lois de succession plus dures et moins équitables. La prééminence absolue de l'aîné, particulière à la Coutume

(1) Vieux mot qui signifie enclos.

de Caux, ne peut dériver, selon moi, ni des institutions des Gaulois, ni de celles des Germains. L'un et l'autre peuple, en effet, les usages de notre monarchie primitive en font foi, admettaient également tous les fils à recueillir l'hérédité paternelle. Ce principe même, nous l'avons vu plus haut, avait survécu dans les Coutumes, au moins comme droit commun, aux exigences contraires du régime féodal.

Malgré l'obscurité inséparable d'une recherche de ce genre, je pense qu'il faut remonter aux usages des peuples scandinaves pour assigner à la loi de succession qui nous occupe sa cause la plus probable. Certains témoignages d'auteurs anciens, cités par Basnage lui-même (1), tendent à prouver qu'elle se rencontrait, au temps de l'invasion des Normands, dans le Danemarck d'où ils étaient sortis. Apportée dans la Neustrie par ses envahisseurs lointains, cette Coutume avait dû plus aisément garder son empire sur le rivage de la mer, là où les conquérants, descendus de leurs navires, s'étaient établis en plus grand nombre. Dans l'intérieur de la contrée, au contraire, il était naturel qu'elle se fût ultérieurement modifiée par l'influence de la législation de la population vaincue. Vraisemblablement, à l'époque de la conquête de l'Angleterre, cette fusion n'était pas encore opérée; et la succession complète de l'aîné, spéciale depuis au pays de Caux, était restée en vigueur dans toutes les familles puissantes tirant leur origine de la race victorieuse. Il est à remarquer, en effet, que l'exclusion de la succession des puînés au profit de l'aîné, portée en Angleterre par Guillaume et ses compagnons,

(1) Introduction au titre de la Coutume, *De succession en Caux*.

s'y est maintenue intacte à travers les siècles. Encore aujourd'hui, l'attribution absolue de tous les fonds de terre à l'aîné est, chez ce grand peuple, une des règles fondamentales de la loi commune, pour la matière des successions (1). Les meubles seuls se partagent également entre les fils, comme cela avait lieu, du reste, sous notre vieille Coutume de Caux.

§ 4. Du retrait lignager.

On appelait de ce nom, dans l'ancienne jurisprudence, le droit accordé aux parents d'un vendeur de retirer des mains de l'acheteur des immeubles vendus, en remboursant à ce dernier le prix de son acquisition. Cette faculté légale reposait évidemment sur l'idée d'une sorte de copropriété attribuée sur ces biens à la famille entière de leur ancien possesseur ; elle se rattachait d'ailleurs intimement à la matière des successions. Le retrait lignager protégeait les héritiers présomptifs contre l'usage du droit de disposer à titre onéreux, que l'on n'avait pu refuser au propriétaire. Il correspondait, sous ce point de vue, aux prohibitions sévères consacrées par notre Coutume contre les libéralités excessives émanées d'un défunt. Le pouvoir de l'intenter était donné indistinctement aux parents de toute nature, aux descendants du vendeur, aussi bien qu'à ses collatéraux. Cependant, par la nature des choses, il devait plus souvent profiter à ceux-ci, plus indépendants de l'auteur de la vente et plus à même habituellement de payer à l'acheteur évincé le prix qu'il devait recevoir.

(1) Blackstone, liv. 1, chap. xiv, § 3.

Le retrait lignager, qui nous paraît aujourd'hui si contraire à l'équité et à la sûreté du commerce, était admis cependant par toutes les Coutumes. Quelques provinces régies par le droit romain, telles que la Guyenne et l'Auvergne, l'avaient même introduit dans leur législation. L'événement qui faisait sortir d'une famille un bien qui s'y trouvait depuis long temps semblait empreint, en quelque manière, d'un caractère néfaste, dans une époque d'immobilité et d'aristocratie. Le retrait lignager ne s'exerçait pas, il est vrai, contre les aliénations à titre de donation ou d'échange; mais on y soumettait les ventes de toute espèce. Celles qui s'opéraient, à la suite d'un décret, par une adjudication solennelle prononcée en justice, n'en étaient pas exemptes, malgré les formalités longues et dispendieuses qui les avaient précédées.

L'influence profonde exercée sur les Coutumes par le régime des fiefs explique aisément l'approbation unanime qu'elles avaient donnée au retrait lignager. Les usages féodaux, en effet, forment le point de départ de cette prérogative importante accordée aux liens du sang. L'hérédité des fiefs, nous l'avons fait remarquer, en associant la postérité du vassal au bienfait conféré à ce dernier, eut pour résultat de créer de plein droit une substitution véritable au profit de ses descendants. De là, dans un grand nombre de coutumiers du moyen-âge, la nécessité du consentement des agnats pour qu'il fût permis au titulaire d'un fief de l'aliéner valablement même à titre onéreux (1).

---

(1) Alienatio feudi paterni non valet, etiam domini voluntate, nisi agnatis consentientibus ad quos beneficium quandoque sit reversurum. *Lib. feud.*, lib. II, tit. XXXIX.

Cet assentiment, il est vrai, tomba d'assez bonne heure en désuétude, comme apportant aux attributions naturelles de la propriété des entraves trop gênantes ; mais on établit, à sa place, la possibilité d'un retrait en faveur des parents. Transporté des biens nobles sur tous les immeubles sans distinction, le retrait lignager, cependant, dans les autres Coutumes, ne s'appliquait qu'aux propres du vendeur, et non à ses acquêts, fruits de ses économies et de son industrie personnelle. Cette distinction, si raisonnable pourtant, était repoussée dans notre province. On soumettait au retrait les acquêts comme les propres. Du reste, les auteurs normands, eux-mêmes, blâmaient cette extension du droit commun. Elle dépassait, en effet, manifestement le but naturel de l'institution destinée seulement à conserver aux familles les biens qui en étaient provenus.

Ici, on le voit, notre Coutume étendait au-delà de ses limites ordinaires la fiction de la co-propriété des parents du vendeur. Dans une autre hypothèse, elle la resserrait, au contraire, de manière à faire marcher le retrait lignager sur la ligne exacte du droit de succession dont il était l'auxiliaire. Presque partout, en effet, on admettait un droit de prévention en faveur de celui des parents qui avait manifesté le premier l'intention d'exercer le retrait, sous la seule condition qu'il appartînt à la ligne qui avait apporté dans la famille le propre vendu. Il n'en était pas de même en Normandie. Les héritiers présomptifs du vendeur relativement aux immeubles aliénés avaient la faculté de revendiquer comme leur privilège exclusif l'exercice du retrait. Leur silence pendant le temps donné pour agir, eût pu seul valider l'action dirigée à cet égard par des parents plus éloignés.

Le délai pour intenter le retrait était d'un an et jour dans la Haute-Normandie ; dans la basse, de quarante jours seulement. Pour faire courir cette prescription, il ne suffisait pas que le contrat de vente eût été passé devant notaire et même suivi d'exécution ; il fallait qu'il fût publié solennellement par une lecture faite un dimanche, en présence de témoins, à la porte de l'église paroissiale du lieu de la situation des biens. Sans cette formalité, l'action en retrait eût été recevable pendant trente ans entiers.

Ce même laps de trente ans était donné aux parents du vendeur pour dénoncer à la justice les fraudes commises par les contractants, dans le but d'apporter des obstacles à l'exercice du retrait (1). La fraude, dans ce cas, était réputée par la Coutume singulièrement odieuse et punie par elle avec une rigueur très-grande. Si la vente avait été déguisée sous l'apparence d'un contrat d'échange ou de donation, l'acheteur perdait son prix. La confiscation en était prononcée au profit du roi, et le retrayant, par suite, devait en verser le montant aux agents du fisc. Si, au contraire, le prix de vente avait été exagéré dans le contrat au-delà de son taux réel, le prix véritable était seul remboursé ; l'acheteur était condamné, en même temps, à une amende égale à la somme qu'il avait ainsi frauduleusement promise. Cependant, dans une circonstance particulière, la fraude,

---

(1) Lorsque les parents prévoyaient qu'il leur serait très-difficile de réunir des moyens de preuve à l'effet de rendre manifeste l'existence de la fraude, on leur permettait de s'adresser à l'autorité ecclésiastique. Celle-ci publiait des monitoires, ordonnant, sous peine d'excommunication, la révélation des faits de nature à l'établir. Basnage, sur l'art. 500 de la Coutume de Normandie.

en matière de retrait, loin d'être vue avec défaveur, était consacrée par la jurisprudence comme utile à la conservation des fortunes. Lorsqu'un père de famille voyait l'avenir de ses petits enfants compromis par les prodigalités d'un fils dissipateur père de famille lui-même, on lui permettait de vendre fictivement tous ses biens. Puis, au moyen d'une action en retrait intentée au nom de ses petits-fils, il appropriait directement ceux-ci, échappant, par ce moyen, à la règle de l'indisponibilité de sa fortune au profit de son fils.

Le retrait lignager était un droit réel, opposable, en tout état de cause, aux tiers acquéreurs même de bonne foi ; ajoutons que, pour être admis à en profiter, il n'était pas nécessaire d'avoir existé ni même d'avoir été conçu au moment de la vente qui lui avait donné naissance. Enfin, l'aliénation du droit de jouir d'un imméuble, soit à titre d'usufruit, soit par l'effet d'un bail dépassant neuf années, était soumise à l'éventualité du retrait (Cout., art. 502). Certes on a peine à comprendre comment, dans l'ancienne Normandie, il pouvait se trouver des acquéreurs, quand un fonds de terre venait à être mis en vente, en présence de dangers d'éviction aussi menaçants.

Cependant, malgré cette insouciance pour la liberté des transactions et ce respect aveugle, il faut le dire, pour les droits conférés aux parents sur les biens de leur famille, la Coutume de Normandie, lorsqu'une succession venait à s'ouvrir, veillait aux intérêts des créanciers par des prescriptions sans analogie dans nos lois actuelles. La solidarité, en effet, était prononcée contre les héritiers relativement aux dettes du défunt. Celles-ci, du reste, étaient réparties entre eux d'une manière exceptionnelle qui rendait la solidarité presque nécessaire. Chaque héritier devait supporter exclusivement les dettes héréditaires afférentes à l'espèce de biens qu'il avait recueillis. Ainsi, les dettes relatives aux propres restaient à la charge de l'héritier des propres; celles relatives aux meubles concernaient uniquement l'héritier des meubles et des acquêts (1). Ce mode compliqué de liquider les charges de la succession eût rendu la position des créanciers très-difficile, si la solidarité des héritiers ne fût venue à leur secours, en faisant de la contribution aux dettes une question particulière à ceux-ci.

Une seconde disposition du droit normand, favorable aux créanciers d'une succession, était la préférence accordée à l'héritier pur et simple, fût-il plus éloigné, sur un héritier bénéficiaire rapproché du défunt par le lien du sang. Cette préférence était générale dans l'ancienne France, avec cette restriction, toutefois, observée également parmi nous, qu'elle cessait d'être applicable dans la ligne descendante. Mais, sous l'empire des autres Coutumes, elle recevait son exécution, au moyen d'un retrait accordé à l'héritier pur et simple contre le bénéficiaire. Dans la Normandie, on procédait différemment. L'héritier qui voulait accepter sous bénéfice d'inventaire devait mettre les parents en demeure de se présenter,

(1) Pothier, *Traité des successions*, chap. v, art. 2, nous atteste que ce mode de répartition des dettes entre les héritiers avait existé anciennement dans toutes les Coutumes; mais il avait été généralement abandonné, lors de leur réformation. On avait adopté un système beaucoup plus simple, qui consistait à faire contribuer chaque héritier à une part des dettes proportionnelle à son émolument, quelles que fussent d'ailleurs leur origine et leur nature.

par des publications faites trois dimanches de suite, à l'issue de la messe paroissiale du lieu de l'ouverture de la succession. Puis on allait devant la justice. Le bénéfice d'inventaire était adjugé après des sommations nouvelles; et, faute par eux d'y avoir obtempéré, les autres successibles étaient déclarés forclos à toujours de la faculté de revendiquer l'hérédité, au moyen d'une acceptation pure et simple. L'effet de cet envoi en possession était tellement étendu, qu'on ne permettait plus, quand il avait eu lieu, à un collatéral, même plus proche du défunt, de réclamer la succession, à moins qu'il ne justifiât qu'une cause légitime était venue mettre obstacle à ce qu'il formât opposition. C'était là du moins l'opinion la plus généralement admise.

www.ingramcontent.com/pod-product-compliance
Lightning Source LLC
Chambersburg PA
CBHW070529100426
42743CB00010B/2009